Peace is Every Step

모든 발걸음마다 평화

틱 낫 한

모든 발걸음마다 평화

매일의 삶에서 실천하는
마음챙김의 길

틱
낫
한　지음
　　　●
　　김윤종　옮김

불광출판사

차례

01

숨
쉬
라
!

Peace is every step

당
신
은
살
아
있
다

02

변용과 치유

Peace is every step

03

걸음마다 평화

Peace is every step

개인의 내적 변용을 통해 세상에 평화를 가져오려는 시도는 지난한 과정입니다. 하지만 오직 그 길만이 목표에 도달하지요. 가는 곳마다 저는 이 점에 대해 이야기합니다. 그리고 삶에서 서로 다른 길을 걷고 있는 수많은 사람들이 그것을 잘 이해하고 있음을 보면 용기를 얻고는 하지요. 평화란 가장 먼저 개인 안에 꽃피어야 합니다. 그리고 저는 평화의 근본적인 토대가 사랑, 자비, 그리고 이타주의라고 믿습니다. 일단 이들 특질이 개인 안에서 꽃피면, 그의 주변에 평화와 조화로움의 분위기가 만들어집니다. 이 분위기는 개인을 넘어 그 가족에게로, 지역사회로 확장되어 나가며, 결국 전 세계로 뻗지요.

『모든 발걸음마다 평화(Peace is Every Step)』는 정확히 이 방향으로 가는 여정을 위한 안내서입니다. 틱낫한 스님은 호흡의 마음챙김과 일상의 작은 행동에 대한 주의 깊은 지켜봄을 가르치는 것에서 시작하여, 이 마음챙김의 효과를 어떻게 쓸지 보여주고 어려운 심리학적 상태의 치유와 변용에 집중합니다. 마지막으로 개인, 내면의 평화, 그리고 세상의 평화가 어떻게 서로 연결되어 있는지 보여주지요. 매우 가치 있는 책입니다. 개인의 삶과 우리 사회를 바꿔놓을 만한 책이지요.

달라이 라마(Dalai Lama)

숨쉬라! 당신은 살아 있다

Peace is every step

01

전혀 새로운
스물네 시간

매일 아침 일어나며, 우리는 전혀 새로운 스물네 시간을 갖습니다. 이 얼마나 소중한 선물인지! 이 스물네 시간을 자신과 다른 이들에게 평화, 기쁨, 행복을 가져다주게끔 살아낼 수 있습니다.

평화는 지금 이 순간 바로 여기에 있습니다. 우리 안에, 그리고 우리가 보고 행하는 모든 것에 있습니다. 정작 문제는 우리가 그것을 느낄 수 있는가입니다. 푸른 하늘을 보기 위해 어디론가 멀리 찾아가야만 하는 것은 아닙니다. 어린 아이의 해맑은 눈동자를 보기 위해 동네를 벗어나고 이웃을 떠나야 할 필요도 없지요. 심지어 우리가 마시는 공기조차 즐거움의 원천이 될 수 있습니다.

언제든 넘쳐나는 행복에 가 닿을 수 있는 모종의 방법으로, 미소 짓고, 숨 쉬고, 걷고, 먹을 수 있습니다. 우리는 삶을 준비하는 데에는 도가 텄지만, 정작 살아가는 것은 잘 하지 못합니다. 졸업장을 따기 위해 10년을 기꺼이 바치고, 직장과 자동차와 집을 갖기 위해 기꺼이 죽을힘을 다합니다. 하지만, 바로 이 순간 자신이 살아 있음을 기억해 내는 데는 애를 먹지요. 쉬는 숨 하나하나, 내딛는 걸음 하나하나, 평화와 즐거움, 그리고 청명함으로 채울 수 있습니다. 필요한 것은 오직 하나, 지금 이 순간에 생생히 깨어 있음뿐이지요.

이 책은 마음챙김을 일깨우는 자그마한 종입니다. 행복이란 오직 지금 이 순간에만 가능함을 상기시키는 역할을 하지요. 물론, 미래를 계획하는 것도 삶의 일부이긴 합니다. 하지만 그 계획조차 지금 이 순간에 하는 것이지요. 이 책은 지금 이 순간으로 돌아와 평화와 즐거움을 찾으라는 초대장입니다. 제가 개인적인 경험들과 함께 도움이 될 만한 몇 가지 방법들을 드리려는 것이지요. 하지만 부디, 이 책을 다 읽을 때까지 평화 찾기를 미루지는 마세요. 평화와 행복은 매 순간 가능합니다. 걸음마다 평화인 셈이지요. 이제 우리는 서로 손잡고 걸어볼 참입니다. 그럼 즐거운 여행되시길.

민들레 안에
나의 미소 있네

아이가 해맑게 웃는다면, 어른이 미소 짓는다면, 이야말로 참으로 중요한 것입니다. 우리가 일상에서 웃을 수 있다면, 평화롭고 행복할 수 있다면, 그 혜택은 자신뿐 아니라 모든 이들에게 돌아갑니다. 어떻게 살아가야 할지 진정으로 알고 있다면, 하루를 미소와 함께 시작하는 것보다 더 좋은 방법이 달리 있을까요? 미소는 깨어 있으며 평화롭고 즐거운 삶을 살겠다는 우리 결의의 증표입니다. 진정한 미소의 근원은 깨어 있는 마음입니다.

　　어떻게 하면 아침에 일어나자마자 웃을 수 있을까요? 무엇인가 기억나게 하는 물건을 보이는 곳에 걸어둘 수 있습니다. 가령 나뭇가지, 잎사귀, 그림이나 영감어린 글귀도 좋지요. 창가나 벽, 침실 보이는 곳에 그것을 두어 잠에서 깰 때 눈치를 채게끔 하는 겁니다. 미소 짓기 수행이 일단 궤도에 오르면, 그때부터는 알림도구가 필요 없습니다. 그럼 새들이 지저귀는 소리만 들어도, 창문을 통해 비치는 햇살만 보아도 웃게 됩니다. 미소는 온유함과 이해를 갖고 하루를 시작하게끔 당신을 돕지요.

누군가 웃는 것을 보면, 저는 그(녀)가 온전한 깨어 있음 속에 있음을 즉시 압니다. 이러한 미소, 얼마나 많은 예술가들이 셀 수 없이 많은 동상과 그림들 속에서 이를 구현해내기 위해 애써왔는지 아십니까? 그들이 작품을 만들 때 그들의 얼굴에도 똑같은 미소가 있었음을 저는 확신합니다. 작품에 미소를 불어넣고 있는 성난 조각가를 상상이나 할 수 있겠어요? 모나리자의 미소는 아주 옅어서 보일 듯 말 듯 합니다. 하지만 그 정도 미소만으로도 얼굴의 모든 근육을 이완시키기에는 충분합니다. 온갖 걱정과 피로를 말끔히 날려버릴 정도로 말이죠. 입술에 맺힌 콩알만 한 웃음의 싹만으로도 우리는 이 순간으로 돌아와 기적처럼 고요해집니다. 그것은 우리가 잃어버렸다고 생각했던 평화를 되돌려 놓지요.

웃음은 자신은 물론 주위 사람들에게도 행복을 가져다줍니다. 가족들 모두에게 아무리 값비싼 선물을 준비한다 해도, 생생히 깨어 짓는 미소만큼 행복을 줄 물건은 어디에도 없습니다. 게다가 이 소중한 선물은 공짜이기도 하지요. 캘리포니아에서의 수련회 말미에, 한 친구가 이런 시를 지었습니다.

나의 미소 잃어버렸네,

하지만 걱정 마오.

그것은 민들레가 간직하고 있다오.

만일 당신이 미소를 잃었고 그럼에도 민들레가 당신을 위해 그것을 간직하고 있음을 볼 수 있다면, 상황이 그렇게 나빠 보이지는 않군요. 미소가 거기 있음을 볼 수 있을 만큼 여전히 당신은 충분히 마음챙김 되는 것일 테니까요. 그러면 충분히 의식하며 한두 번 호흡하는 것만으로도 미소를 회복할 수 있습니다. 민들레는 당신 친구 무리의 일원입니다. 그것은 잠자코 거기 있지만, 매우 신의 있고, 당신의 미소를 간직해주지요.

실은 주위의 모든 것이 당신을 위해 당신의 미소를 간직합니다. 외톨이처럼 느낄 필요가 없습니다. 내면에, 그리고 주위에 지천으로 존재하는 당신을 위한 응원에 그저 스스로를 열기만 하면 됩니다. 자신의 미소를 민들레가 간직한다 생각하는 나의 친구처럼, 생생히 깨어 호흡할 수만 있어도, 미소는 돌아옵니다.

의식적인 호흡

삶을 생생하고 더욱 즐거운 것으로 만들어줄 호흡법이 몇 가지 있습니다. 첫 번째 연습은 정말 단순하지요. 숨을 들이마시며, 자신에게 말합니다. "들이마시며, 내가 숨을 들이마시고 있음을 안다." 그리고 숨을 내쉴 때도 말합니다. "내쉬며, 내가 숨을 내쉬고 있음을 안다." 이게 전부입니다. 들이마실 때 자신이 숨을 들이마시고 있음을 자각하고, 내쉴 때 자신이 숨을 내쉬고 있음을 앎. 심지어 문장 전체를 다 말할 필요도 없습니다. 딱 두 마디만 쓰세요. '안(in)' 그리고 '밖(out)' 이 방법은 자신의 마음을 호흡에 계속 붙들어 맵니다. 연습이 진행되면, 호흡은 점차 평화롭고 온화해지며, 몸과 마음 또한 따라 평화롭고 온화해집니다. 이는 전혀 어렵지 않지요. 기껏해야 몇 분 안에 명상의 효과를 깨닫게 됩니다.

숨은 대단히 중요합니다. 또한 즐거운 행위이기도 하지요. 숨은 우리 몸과 마음 사이의 연결입니다. 때로 우리의 마음이 한 가지 것을 생각하는 동안, 몸은 그와 다른 것을 합니다. 마음과 몸이 통합되어 있지 못한 셈입니다. '안으로', '밖으로' 호흡에 집중함에 따라, 몸과 마음을 다시 하나로 되돌려 놓을 수 있고, 따라서 다시 한번 온전해집니다. 의식적인 호흡은 중요한 어떤 다리인 셈입니다.

저에게 있어 호흡이란, 놓칠 수 없는 즐거움 중 하나입니다. 저는 이 의식적인 호흡 수련을 매일같이 합니다. 제 작은 명상실에는 이러한 글귀가 새겨져 있지요. "숨 쉬라, 당신은 살아 있다!" 단지 숨 쉬고 미소 짓는 것만으로 매우 행복해질 수 있습니다. 진지하게 의식적으로 숨 쉴 때 우리는 완전한 자신을 회복하고 지금 이 순간 속에서 삶을 마주하기 때문입니다.

지금 이 순간,
그것은 경이로움 자체

요즘같이 바쁜 세상에, 때로 의식적인 호흡을 할 수 있다면
정말이지 대단한 행운이 아닐 수 없지요. 의식적인 호흡을
실천할 수 있는 것은 명상실에 앉아 있을 때뿐만이 아닙니
다. 사무실에서 일할 때, 집에 있을 때, 운전할 때, 버스에 앉
아 있을 때, 그 어느 곳에서든, 하루 중 그 어느 때든 가능합
니다.

　　의식적인 호흡을 도울 수 있는 수많은 연습들이 존재
합니다. 간단한 '안 – 밖' 연습 외에도, 숨을 들이마시고 내쉬
는 동안 다음과 같은 네 줄짜리 시를 조용히 읊조릴 수도 있
습니다.

들이쉬며, 나의 몸이 고요해진다.
내쉬며, 미소 짓네.
지금 이 순간에 머물며,
이것이 얼마나 경이로운 순간인지 안다네!

"들이쉬며, 나의 몸이 고요해진다." 이 구절을 읊는 것은 마치 어느 더운 날 시원한 레모네이드 한잔을 들이키는 것 같습니다. 온몸에 그 시원함이 퍼져나가는 것을 느낄 수 있지요. 이 구절을 읊조리며 들이쉴 때, 저는 숨이 몸과 마음을 진정시키는 것을 실제로 느낍니다.

"내쉬며, 미소 짓네." 미소 하나가 얼굴의 수백 개 근육들을 이완시킬 수 있음을 알고 있습니다. 얼굴에 미소를 띰은 당신이 스스로의 주인임을 증명하는 표식입니다.

"지금 이 순간에 머물며." 여기에 앉아 있는 동안, 저는 그 어떤 다른 것도 생각하지 않습니다. 여기 앉아, 내가 어디에 존재하는지 정확히 압니다.

"이것이 얼마나 경이로운 순간인지 안다네." 편안하고 안정된 자세로 앉아, 우리의 미소, 우리의 호흡으로 되돌아오는 것은 하나의 즐거움입니다. 이는 우리의 진정한 본성으로 회귀하는 것이기도 하지요. 자신의 삶과 약속된 시간은 오직 지금 이 순간뿐입니다. 바로 이 순간 평화롭고 즐겁지 않다면, 대체 그때가 언제이겠습니까? 내일, 아니면 모레? 무엇이 지금 이 순간 행복해지는 것을 막고 있을까요? 호흡을 따라가며, 우리는 말할 수 있습니다. 단순히 "고요, 미소, 지금 이 순간, 경이로움."

　　이 연습이 단지 초보자들을 위한 것이라 넘겨짚지 말기를 바랍니다. 저와 같이 주의 깊은 호흡과 명상을 40년, 50년 수행해온 사람들 중 많은 이들이 이와 똑같은 방법으로 여전히 수행하고 있습니다. 이런 종류의 연습은 매우 중요하면서도 너무나 쉽기 때문이지요.

생각 덜하기

의식적인 호흡을 행하면, 생각은 자연스레 느려집니다. 이때야 말로 우리가 진정으로 쉬는 셈입니다. 대부분의 시간 동안 우리는 너무 많이 생각하는데, 이때 주의 깊은 호흡이 고요하고, 이완되고, 평화롭도록 돕습니다. 그것은 우리가 너무 많은 생각을 하지 않도록 돕고 과거에 대한 회한과 미래에 대한 걱정에 사로잡히지 않도록 만들어줍니다. 그것은 우리로 하여금 이 소중한 삶에 진실로 가 닿게끔 만들어주고, 이때 경험하는 지금 이 순간이란 경이롭기 그지없지요.

물론, 생각은 중요합니다. 하지만 진실은, 생각의 많은 부분이 아무짝에도 쓸모가 없다는 것입니다. 이는 마치 머릿속에 끝없이 반복되는 카세트테이프가 돌아가는 것만 같습니다. 밤낮으로 말이죠. 이런 생각에 이어 저런 생각, 이를 멈추기는 어렵습니다. 카세트라면 그냥 멈춤 버튼을 누르면 그만이지만, 그것이 생각이라면 거기에 단추 같은 것은 없지요. 이런저런 걱정과 생각이 너무도 많아 잠을 이루지 못할 지경인 경우도 생깁니다. 의사를 찾아가 수면제나 진정제를 처방받기도 하지만, 이는 상황을 더 악화시킬 수 있습니다. 왜냐하면, 이런 종류의 수면 중에는 진정한 휴식이 이루어지지 않기 때문입니다. 게다가 약을 계속 사용한다면, 결국 중독될 수도 있겠지요. 우리는 긴장 속에서 삶을 계속하고, 이는 악몽에 가깝습니다.

의식적인 호흡의 방법에 따라 숨을 들이마시고 내쉴 때, 생각은 멈춥니다. '안'과 '밖'이라 말하는 것은 생각이 아니기 때문입니다. 이는 단지 호흡에 집중하기 위한 단어에 지나지 않지요. 단 몇 분만 이런 방법으로 호흡을 유지하면, 누구든 꽤 상쾌해짐을 느낍니다. 우리는 스스로를 회복하고, 지금 이 순간 주위에 있는 아름다운 것들을 진실로 대면합니다. 과거는 가버렸고, 미래는 아직 여기에 없습니다. 지금 이 순간의 진정한 자신으로 되돌아가지 않는다면, 결코 진정으로 삶에 가 닿을 수 없습니다.

내면에, 그리고 주위에 존재하는 상쾌하고, 평화롭고, 상처를 보듬는 요소들을 우리가 직접 경험할 때, 비로소 이런 것들을 아끼고 보호하고 길러낼 마음이 생기는 법이겠지요. 이들 평화의 요소는 언제든 꺼내 쓸 수 있습니다.

매 순간
깨어 있음을 기르기

어느 추운 겨울 저녁, 산책에서 돌아온 저는 거처의 모든 문과 창문이 열려 있는 것을 발견했습니다. 나올 때 철저히 단속을 하지 않은 덕분이었지요. 차가운 바람이 열린 창문들 사이로 몰아쳤고, 책상 위에 놓여 있던 종이들은 방 여기저기 어지러이 흩어져 있었습니다. 저는 즉시 문과 창문들을 닫고, 램프에 불을 붙이고, 종이들을 주워 깨끗이 정리하여 책상 위에 다시 올려놓았습니다. 그때서야 화로에 불을 지피기 시작했고, 이내 타닥거리며 타들어가는 땔감은 방 전체를 다시 따듯이 덥히기 시작했지요.

  때로 군중 속에서도 우리는 지치고, 춥고, 외롭다 느낍니다. 그럴 때면 예전 활기찼던 자신으로 돌아가 다시금 온기를 느끼기를 바라곤 합니다. 제가 축축하고 차가운 바람을 피하기 위해 창문을 닫고 불을 피웠던 것처럼 말입니다. 우리의 감각은 세상을 향한 창문입니다. 때로 그것들을 통해 바람이 몰아치면 내면에 모든 것을 흐트러뜨리기도 합니다. 어떤 이들은 내내 자신의 창문들을 열어 놓은 채 방치하기도 합니다. 그럼 세상의 온갖 광경과 소리들이 여과 없이 침투하고, 침공해서는 가엾고 문제투성이인 우리의 자아를 드러내 버리지요. 이는 너무나 춥고, 외롭고, 두렵습니다. 끔찍한 장면이 난무하는 텔레비전 프로그램을 보면서, 그럼에도 불구하고 꺼버리지 못하는 자신을 본 적이 있나요? 난폭한 소음들, 폭발하는 총소리, 이것들은 사람 속을 불편하게 만듭니다. 그럼에도 불구하고 당신은 텔레비전을 꺼버리고 일어서지 못하지요. 왜 이런 식으로 자신을 고문하는 걸까요? 창문을 닫고 싶지는 않나요? 홀로 있는 자신을 발견할 때, 당신은 그 고독으로-거기서 공허함과 외로움을 발견하고는- 겁에 질리나요?

좋지 않은 텔레비전 프로그램을 보면, 우리는 그 텔레비전 프로그램이 됩니다. 우리는 우리가 느끼고 지각하는 바로 그것입니다. 화가 나 있다면, 우리는 화 그 자체입니다. 사랑하고 있다면, 우리가 바로 사랑이지요. 하얗게 눈이 덮인 산봉우리를 바라볼 때, 우리는 산이 됩니다. 우리는 원하는 그 무엇이든 될 수 있지요. 그러니, 손쉽게 돈이 되는 선정적인 것들만 추구하는 제작자들이 만든 좋지 않은 텔레비전 프로그램들, 심장을 두근거리게 만들고, 손에 땀을 쥐게 하고,

마침내 탈진하게 만드는 그런 프로그램들에 어째서 감각의 창문을 열어두는지 모르겠습니다. 누가 그런 프로그램들이 만들어지도록 허용하고 아주 어릴 때부터 볼 수 있게 하는 것일까요? 바로 우리가 합니다! 우리는 어떤 요구도 하지 않고, 스크린에 비치는 그 무엇이든 볼 준비가 되어 있습니다. 스스로의 삶을 창조하기에는 너무 외롭거나, 게으르거나, 따분한 게지요. 텔레비전을 켜고 그것이 켜진 채로 그냥 두고, 다른 누군가가 우리를 인도하고, 규정짓고, 파괴하도록 허용합니다. 이런 식으로 스스로를 잃어버린다면, 이는 책임감 없이 행동하는 다른 이들의 손에 운명을 맡기는 셈입니다. 어떤 프로그램이 우리 신경계에, 마음에, 가슴에 해가 되는지, 그리고 어떤 프로그램이 이로운지 주의 깊게 살펴야 합니다.

물론, 제가 텔레비전만을 이야기하는 것은 아닙니다. 우리 주위에 온통, 스스로에 의해, 그리고 동료들에 의해 얼마나 많은 탐욕들이 도사리고 있나요? 스스로의 운명과 평화를 지키기 위해서는 매우 조심해야만 합니다. 모든 창문을 닫고 지내야 한다고 주장하는 것이 아닙니다. 소위 '바깥' 세상에는 수많은 기적 같은 일들도 있지요. 우리는 이들 기적에 창을 열고 깨어 있는 의식으로 그것들을 바라볼 수 있습니다. 이런 식으로, 맑은 물이 흐르는 개울가에 앉거나, 아름다운 음악을 듣거나, 훌륭한 영화를 감상하면서도, 개울에, 음악에, 또는 영화에 완전히 빠져 자신을 잃을 필요가 없는 것이지요. 그 와중에도 우리 자신과 호흡에 의식을 둘 수 있습니다. 의식의 태양이 우리 안에 빛나고 있는 한, 우리는 대부분의 위험들을 피할 수 있습니다. 오히려 개울은 더욱 맑고, 음악은 더욱 조화로울 것이며, 영화를 만든 이의 의도는 완벽하게 파악될 것입니다.

　　명상 초보자라면, 도시를 떠나 교외로 나가고 싶을 수도 있습니다. 우리의 영혼에 골칫거리를 안겨주는 감각의 창문들을 닫아버리고 싶기 때문이지요. 거기서 우리는 조용한 숲과 하나가 되고, 자신을 재발견하고 다시 채우게 됩니다. '밖의 세상' 혼돈에 휩쓸려버리는 대신 말이지요. 신선하고 고요한 숲은 우리가 생생히 깨어 있는 의식 속에 머물도록 도움을 줍니다. 의식의 뿌리가 튼튼해져 비틀거리지 않을 때에야 비로소, 도시로 돌아가고 싶어지고 거기서 덜 부대끼며 살아갈 수 있을는지도 모릅니다. 하지만 때로 상황이 허락지 않을 때도 있는 법입니다. 그럴 때 이 바삐 돌아가는 삶 한가운데에서도 자신을 치유할 상쾌하고 평화로운 요소들을 찾아야만 합니다. 만나면 편안해지는 좋은 친구를 방문하고 싶어질 수도, 공원에 나가 거기 나무들과 신선한 바람을 쐬고 싶을 수도 있지요. 도시에 살든 교외에 살든, 또는 황야에 살든 우리는 스스로를 다잡을 필요가 있습니다. 이는 매 순간 깨어 있는 의식을 배양하고 주의 깊게 스스로의 환경을 선택함으로써 가능합니다.

그 어디에든 앉아

속도를 늦추고 본연의 자신으로 되돌아올 필요를 느낄 때, 의
식적인 호흡을 연습하기 위해 집으로 또는 명상센터로 허겁
지겁 달려올 필요는 없습니다. 그 어디에서도 호흡은 가능하
니까요. 단순히 사무실 의자에, 또는 자동차 시트에 앉으세요.
심지어 사람들로 붐비는 쇼핑센터 한가운데 서 있을 때, 또는
은행의 대기줄에 서서 기다릴 때조차, 뭔가 소진된 느낌이 들
어 자기 자신으로 되돌아갈 필요가 느껴진다면, 선 채로 의식
적인 호흡과 미소를 연습할 수 있습니다.

　　어디에 있든, 마음챙김으로 호흡하는 것은 가능하지
요. 우리 모두는 때때로 본연의 자신으로 되돌아갈 필요가 있
습니다. 삶에서 숱한 어려움들을 마주하려면 말이지요. 이것

은 -서거나, 앉거나, 눕거나, 걷거나- 어떤 자세로도 가능합니다. 하지만 앉은 자세가 가장 안정적이기에, 여건이 허락하면 앉기를 권합니다.

한번은 뉴욕 케네디 공항에서, 네 시간 연착하는 비행기를 기다리게 되었습니다. 저는 즉시 대기 구역에서 가부좌를 틀고 앉아 명상을 즐기기 시작했지요. 입고 있던 스웨터를 말아 그것을 방석 삼아 거기 앉았습니다. 처음에는 사람들이 호기심어린 시선을 보냈지만, 이내 관심을 두지 않게 되었고, 저는 다만 평화로이 앉아 있을 뿐이었지요. 공항이 사람들로 가득 차 어디에도 쉴만한 곳은 없었지만, 제가 있는 바로 그 자리를 편안한 휴식처로 만든 셈이었습니다. 어쩌면 당신은 그렇게 튀는 모습으로 명상하는 걸 원하지 않을는지도 모르겠지만, 마음챙김으로 호흡하는 것은 어떤 자세, 어느 때든 자신 본연의 모습을 회복하는 데 도움이 됩니다.

앉아서 하는 명상

명상을 위한 가장 안정적인 자세는 방석 위에 가부좌로 앉는 것입니다. 몸을 지지하기 딱 알맞은 두께의 방석을 고릅니다. 반가부좌와 결가부좌 자세는 몸과 마음의 안정성을 확립하는 데 탁월합니다. 가부좌로 앉는 방법은, 다리를 부드럽게 교차시켜 반대편 허벅지 위로 한 발만 올리거나(반가부좌) 양발 모두를 올리는(결가부좌) 것입니다. 혹여 가부좌가 어렵게 느껴진다면, 단순히 다리를 교차시키거나 편안하게 느껴지는 어떤 자세든 괜찮습니다. 등은 곧게 펴지게 두고, 눈은 반쯤 감고, 손은 자연스럽게 무릎 위에 둡니다. 원한다면 의자에 앉을 수도 있는데, 이때 발은 바닥에 견고히 붙이고 손은 무릎 위에 자연스레 둡니다. 바닥에 누운 자세도 가능합니다.

이때 등이 바닥을 향하고, 다리는 곧게 뻗고, 다리 사이 10센티미터 정도 간격을 둡니다. 팔은 양옆에 편히 두고, 가급적이면 손바닥은 위로 향하도록 합니다.

앉아서 하는 명상 중에 다리에 감각이 없어지거나 아파오기 시작해 집중에 방해가 된다면, 부담 없이 자세를 조정합니다. 계속 호흡을 따라가며 몸의 움직임을 주시한 채 이를 천천히 그리고 주의 깊게 행한다면, 단 한 순간도 집중이 흐트러짐 없이 해낼 것입니다. 만일 통증이 심하다면, 일어서서 천천히 그리고 마음챙김하며 걷습니다. 그리고 준비가 되었다 느껴질 때, 다시 앉는 것이지요.

어떤 명상센터에서는, 앉아서 하는 명상 중에 수행자들이 움직이는 것을 허용치 않습니다. 때문에 종종 굉장한 불편함을 감수해야만 하지요. 제 입장에서는, 이는 부자연스러운 것으로 보입니다. 몸의 일부가 무감각해지거나 아프다면, 그것이 무엇인가를 말하고 있는 것이고, 우리는 이에 귀 기울여야 합니다. 우리가 앉아서 명상을 하는 것은 평화, 기쁨, 비폭력을 함양하기 위함이지, 몸을 학대하고 육체적 긴장을 견뎌내기 위함이 아닌 것이지요. 발의 위치를 바꾸거나 약간의 걷기 명상을 한다고 함께 명상하는 다른 이들에게 크게 방해가 되는 것도 아닙니다. 그리고 그건 우리에게 많은 도움이 될 수도 있지요.

때로는, 명상을 자신으로부터 그리고 삶으로부터 숨기 위한 방법으로 사용할 수도 있습니다. 마치 토끼가 자신의 굴속에 숨듯 말이지요. 이렇게 함으로써, 몇몇 문제들을 한동안 피할 수는 있습니다. 하지만 '굴'을 나설 때, 우리는 그 문제들을 다시 대면해야만 하지요. 예를 들면, 명상을 매우 강도 높게 하면 일종의 안도감을 느낄 수 있습니다. 하지만 이는 자신을 지치게 만들어 어려운 문제들을 대면할 에너지를 소진시켜 그러할 뿐입니다. 따라서 에너지가 회복되면, 그와 함께 우리가 가진 문제들 또한 여전히 되돌아올 뿐이지요.

명상은, 부드럽지만 꾸준히, 매일의 삶에 걸쳐 행해야 합니다. 삶의 진정한 본질을 깊이 들여다 볼 단 하나의 기회, 단 하나의 사건도 허비하지 않겠다는 마음가짐이 필요합니다. 여기에는 일상의 문제들도 포함이 되지요. 이런 식으로 수행을 해나감으로써, 우리는 삶과 심오한 교감을 나눌 수 있습니다.

마음챙김의 종

불교 전통에서 승려들은, 지금 이 순간으로 되돌아오라 일깨우기 위해 작은 종을 사용합니다. 종소리를 들을 때마다, 하던 얘기를 멈추고, 진정한 자신으로 돌아와, 내쉬고 들이마시고, 미소 짓는 것이지요. 그 어떤 일을 하는 중이든, 잠시 멈추고 오직 호흡을 즐깁니다. 때로 이런 경구를 읊조리기도 하면서 말이지요.

들어보라, 들어보라.
이 경이로운 소리가 진정한 자신으로 되돌리네.

숨을 들이마시며, 우리는 말합니다. "들어보라, 들어보라." 그리고 내쉬며 또 이렇게 말하지요. "이 경이로운 소리가 진정한 자신으로 되돌리네."

서방 세계로 건너온 이후, 불교 사원의 종소리를 많이 듣지는 못했습니다. 하지만 운 좋게도, 유럽 전역의 교회에도 종이 있지요. 비록 미국만큼 많이 보이지는 않지만 말입니다. 스위스에서는 강의 때마다, 마음챙김 연습 중에 언제나 교회 종을 쓰고는 했지요. 종이 울리면, 하던 말을 멈추고, 거기 있던 모두가 종소리에 귀를 기울입니다. 그것을 모두가 정말 좋아했습니다. (그것이 강의보다 훨씬 낫지요!) 종소리를 들을 때면, 잠시 멈추어 호흡을 즐기고 주위에 항상 존재하는 삶의 경이로움에 -꽃들, 어린아이, 아름다운 소리들- 가 닿을 수 있었습니다. 되돌아가 진정한 자신과 접촉할 때마다, 지금 이 순간 삶을 마주하는 우리의 상황은 우호적으로 변했지요.

하루는 버클리에서, 캘리포니아 대학 교수와 학생들에게 한 가지 제안을 했습니다. 캠퍼스 안에 있는 종이 울릴 때마다, 교수와 학생들이 하던 일을 멈추고 의식적인 호흡을 해보라는 것이었지요. 살아 있음을 진정으로 만끽할 시간이 모든 이들에게 필요합니다! 종일 그저 황급히 살아가서는 안 됩니다. 교회 종과 학교 종을 진정으로 즐기는 법을 배워야만 합니다. 종소리가 아름답기도 하거니와, 우리를 일깨워 주기도 하니까요.

혹시 집에 종을 갖고 있다면, 그 사랑스런 소리를 호흡과 미소 연습에 사용할 수 있습니다. 하지만 사무실이나 공장

에까지 종을 가져갈 필요는 없습니다. 잠시 멈추고, 주의 깊게 호흡하고, 지금 이 순간을 즐기라고 상기시키는 소리는 그 어떤 것으로도 가능합니다. 차에 타서 안전벨트를 잊었을 때 울리는 버저 소리도 마음챙김을 일깨우는 종소리로 쓸 수 있습니다. 소리가 아닌 것들조차, 가령 창을 통해 들어오는 햇살 같은 것도 마음챙김의 종소리입니다. 진정한 자신으로 돌아와, 숨쉬고, 미소 짓고, 이 순간에 완전히 몰입해 살라는 부름인 것이지요.

어릴 적 쿠키 한 조각

네 살 때, 어머니가 시장에서 돌아올 때면 언제나 쿠키 한 조각을 가져다주곤 했습니다. 저는 항상 그것을 가지고 앞마당으로 나가 천천히 음미하며 먹었지요. 쿠키 하나 먹는데 때로 30분, 어떤 때는 45분이 걸리기도 했습니다. 그것을 조금 베어 물고는 하늘을 쳐다봅니다. 그러고는 발로 개를 쓰다듬기도 하고, 또 한 번 조금 베어 무는 것이지요. 저는 단지 거기 머무는 것이 좋았습니다. 하늘, 땅, 대나무 덤불, 고양이, 개, 그리고 꽃들. 제가 그렇게 할 수 있었던 것은, 아마도 당시에 걱정거리가 그리 많지 않았기 때문이었겠지요. 미래에 대한 생각도 없었고, 과거를 후회하지도 않았을 테니까요. 그저 온전히 이 순간에 몰입하여, 나의 쿠키와, 개와, 대나무 덤불과,

고양이와, 그렇게 일체 만물과 함께.

어린 시절 쿠키를 먹듯 그렇게 천천히 음미하며 식사를 하는 것이 가능합니다. 어쩌면 당신은 어린 시절 쿠키를 잃어버렸던 기억을 갖고 있을지도 모릅니다. 하지만 장담하건데, 그건 거기 여전히 존재합니다. 당신 가슴속 어딘가에 말이지요. 모든 것이 여전히 거기 있습니다. 그리고 정말로 원한다면, 그것을 찾아낼 수 있습니다. 마음챙김하며 먹는 행위는 가장 중요한 명상수련입니다. 우리는 어린 시절 쿠키를 복원해내는 방식으로 먹는 행위를 할 수 있습니다. 지금 이 순간이 환희와 행복으로 채워집니다. 충분히 주의깊다면, 그것을 보게 됩니다.

감귤 명상

제가 여러분에게 방금 딴 싱싱한 귤을 드린다면, 그것을 얼마만큼 즐길 수 있는가는 당신의 마음챙김 정도에 달려 있다고 생각합니다. 걱정과 불안으로부터 자유롭다면, 그것을 더욱 잘 즐기겠지요. 성냄이나 두려움에 사로잡혀 있다면, 당신에게 귤은 그다지 와 닿지 않을는지도 모릅니다.

　　하루는, 일단의 아이들에게 바구니 가득 귤을 주었습니다. 바구니가 돌려지고, 아이들마다 하나씩 귤이 돌아가고 모두들 손에 그것을 쥐었습니다. 모두가 자신의 귤을 바라보며, 아이들은 그 기원에 대한 명상에 초대된 셈이었지요. 그들이 보는 것은 단순히 귤만이 아니었습니다. 그 모태, 귤나무도 거기 들어 있는 것이었지요. 약간의 안내를 받아, 그들은 햇살 아래, 그리고 빗속에 피어난 꽃봉오리들을 시각화하기 시작했습니다. 그리고 꽃잎이 지고 드디어 자그마한 초록빛 과일이 모습을 드러내는 것이지요. 햇살과 비는 번갈아가며 계속되고, 작았던 귤은 자랍니다. 이제 누군가가 그것을 따면, 드디어 여기에 귤이 존재하는 것이지요. 이 상상의 광경 후에, 아이들은 저마다 천천히 귤껍질을 벗겨내며, 그때 느껴지는 귤 향기와 희미하게 흩어지는 과즙 분무를 세심하게 관찰합니다. 드디어 귤 조각을 입으로 가져가 주의 깊게 한입 베어 뭅니다. 그 감촉과 맛, 그리고 터져 나오는 과즙까지 온전히 의식하며 즐기는 것이지요. 그렇게 천천히, 우리는 귤을 먹었습니다.

귤 하나를 볼 때에도, 그것을 깊이 보는 것이 가능합니다. 귤 하나에서 우주 안 일체 모든 것을 볼 수 있지요. 껍질을 벗겨 냄새를 맡으면, 근사합니다. 귤 하나를 먹으면서도 천천히 음미하며 매우 행복해질 수 있습니다.

성체

성체(Eucharist) 수행은 깨어 있는 의식의 수행입니다. 예수께서 그의 제자들과 빵을 나누어 먹을 때, 이렇게 말했지요. "이것을 먹으라, 이는 나의 살이니라." 만약 제자들이 한 조각 빵을 먹더라도 마음챙김 속에서 행한다면, 진정한 삶을 살 것임을 그분께서는 알고 있었던 것이지요. 일상에서, 그들은 망각 속에서 빵을 먹어왔을는지도 모릅니다. 그러니 빵은 빵이 아니었던 게지요. 그것은 일종의 유령이었을 뿐. 우리 또한 일상에서, 주위에 사람들을 봅니다. 하지만 만일 마음챙김이 부족하다면, 그들은 진짜 사람이 아닌 단지 유령일 뿐입니다. 동시에 우리들 자신 또한 유령이지요. 마음챙김 수행은 우리를 진정한 개인으로 거듭나게끔 만들어줍니다. 진정한 개인으로 거듭날 때, 주위에 있었던 사람들을 진정으로 보게 되고, 그때서야 삶은 지금 이 순간 그 풍부함을 한껏 보여주게 됩니다. 빵을 먹는 연습, 귤을 먹는 연습, 또는 쿠키를 먹는 연습 모두 같은 의미입니다.

숨 쉴 때 마음챙김하고, 음식을 먹을 때 그것을 주의 깊게 대한다면, 바로 그 순간 삶이 진짜가 됩니다. 저에게 있어, 성체 성사는 어떤 경이로운 마음챙김 연습과 다르지 않습니다. 모종의 과격한 방법으로, 예수께서는 그의 제자들을 일깨우고 싶었던 게지요.

마음챙김으로 먹기

몇 년 전, 몇몇 어린아이들에게 제가 질문을 한 적이 있습니다. "아침을 먹는 목적이 무엇이니?" 한 소년이 대답했지요. "하루를 보낼 에너지를 얻기 위해서지요." 또 한 명이 답합니다, "아침을 먹는 목적은 아침을 먹는 거지요." 저는 두 번째 답이 더 낫다고 느껴집니다. 먹는 목적은 먹는 행위 그 자체에 있습니다.

　　마음챙김 상태로 음식을 먹는 것은 중요한 수행 중 하나입니다. 텔레비전은 끄고, 신문도 내려놓고, 5분 내지 10분 정도 함께 식사 준비를 합니다. 그렇게 테이블을 차리고 해야 할 준비를 모두 마치는 것이지요. 이 불과 몇 분 동안, 우리는 함께 정말 행복해질 수 있습니다. 음식이 테이블 위에 놓이고 모두들 자리에 앉으면, 다 같이 호흡연습을 합니다. "들이쉬며, 나의 몸이 고요해진다. 내쉬며, 미소 짓네." 이렇게 세 번 호흡합니다. 이처럼 세 번 호흡을 마치면 우리는 식사 전 완벽하게 진정한 자신을 회복하는 셈이지요.

그리고는, 주의 깊은 호흡을 유지한 채 둘러앉은 각각의 사람들을 바라봅니다. 함께하는 모든 이들, 그리고 스스로와 교감하기 위해서입니다. 다른 사람을 보기 위해 몇 시간씩 필요한 것도 아닙니다. 우리들 자신으로 진실로 존재한다면, 불과 1~2초면 충분하지요. 가족 구성원이 다섯이라면, 이 '바라보고 발견하기' 연습은 고작해야 5~10초면 되는 것입니다.

호흡 명상이 끝나면, 미소 짓습니다. 다른 사람들과 함께 앉음으로써, 우리는 일종의 기회를 갖는 셈입니다. 그것은 진정한 이해와 우정이 담긴 미소를 상대방에게 줄 수 있는 기회인 것이지요. 이는 매우 쉽지만, 그렇게 많은 사람들이 이를 실천하고 있지는 않습니다. 저에게 있어서, 이것은 가장 중요한 수행입니다. 각각의 개인을 바라보고 미소를 보냅니다. 호흡과 미소를 함께하는 것은 매우 중요한 연습입니다. 가족 구성원들이 서로에게 미소 지을 수 없다면, 상황이 매우 위험하다 볼 수 있지요.

호흡과 미소 후에, 우리는 그것이 유령이 아닌 진정한 음식이 될 수 있는 식으로 내려다봅니다. 이 음식은 우리가 대지와 연결되어 있음을 드러내 보입니다. 한 입 한 입마다 태양과 대지의 생명력이 들어 있습니다. 우리가 먹는 음식이 그 진정한 본성을 드러내는 정도는 우리에게 달려 있지요. 빵 한 조각으로도 우주 전체를 보고 맛볼 수 있습니다! 먹기 전 몇 초 동안 음식에 대해 관조하고, 주의 깊게 먹는다면, 이는 우리에게 많은 행복을 선사합니다.

가족과 친구들과 함께 앉아 멋진 음식을 즐길 수 있는 기회는 소중합니다. 모든 사람이 그런 기회를 갖는 것도 아닙니다. 세상의 많은 사람들이 굶주림에 시달립니다. 밥 한 그릇 빵 한 조각을 가질 때, 저는 스스로 행운아임을 압니다. 동시에 먹을 음식이 없는, 친구가 없는 또는 가족이 없는 모든 이들에게 연민을 느끼지요. 이것은 매우 심오한 수행이기도 합니다. 이를 연습하기 위해 사원이나 교회로 갈 필요는 없습니다. 그것은 저녁 식탁머리에서 바로 할 수 있는 것입니다. 주의 깊게 마음챙김하며 먹는 행위는 연민과 이해를 함양하여 배고프고 외로운 사람들이 보살핌을 받을 수 있도록 도울 힘을 키웁니다.

식사 중의 마음챙김을 돕기 위해서는 때때로 침묵이 필요할 수도 있습니다. 처음에는 침묵하며 식사하면 조금은 불편한 느낌이 들 수도 있지요. 하지만 일단 익숙해지면, 침묵 속의 식사가 많은 평화와 행복을 가져다줌을 깨닫게 됩니다. 먹기 전에 텔레비전을 끄는 것처럼, 함께하는 사람의 현존과 음식을 진정으로 즐기기 위해, 말을 '꺼버릴' 수 있습니다.

모든 식사를 침묵 속에 가지라고 권하는 것은 아닙니다. 서로 간의 대화는 함께 마음챙김하는 멋진 방법이 될 수 있습니다. 하지만 우리는 서로 다른 종류의 대화들을 구별할 줄 알아야만 합니다. 어떤 대화 주제는 서로 간에 분리를 야기하지요. 예를 들어, 다른 사람들의 결점에 대해 얘기하는 것이 그러한 경우입니다. 밥상머리에서 이런 종류의 대화가 주가 되도록 허용한다면 정성스레 준비한 음식은 아무런 가치도 갖지 못합니다. 반면 음식과 우리들의 현존을 생생히 깨어 의식하는 데 도움이 되는 것들에 대해 말한다면, 우리가 길러낼 필요가 있는 일종의 행복이 자라납니다. 이런 경험을 다른 사람들의 결점에 대해 이야기할 때와 비교하면, 입에 넣은 빵 한 조각조차 훨씬 더 맛있고 풍부해짐을 깨달을 수 있습니다. 이는 삶에 생명력을 불어넣고 그것을 더욱 생생하게 만듭니다.

그러니 식사할 때, 가족과 음식에 대한 깨어 있는 의식을 파괴할 수 있는 주제가 언뜻 비치면 그것을 환기시켜야 합니다. 반면 깨어 있는 의식과 행복을 촉진하는 것들에 대해서는 편하고 자유롭게 말할 수 있도록 만들어야 하지요. 예를 들면, 자신이 매우 좋아하는 음식이 있을 때, 다른 사람들 또한 좋아한다면 그것을 바로 알아차릴 수 있습니다. 그런데 누군가는 그렇지 못하다면, 사랑과 보살핌으로 만든 멋진 음식으로 그(녀)가 즐기게끔 도울 수 있습니다. 식탁 위 좋은 음식을 앞에 두고 다른 것을, 가령 회사에서의 어려움이나 친구들과의 갈등을 생각한다면 그는 음식은 물론 지금 이 순간까지 잃어버리는 셈입니다. 이때 이렇게 말할 수 있습니다. "이 음식 정말 근사하다. 그렇지 않니?" 이는 생각과 걱정에서 그 친구를 꺼내어 지금 이 순간으로 되돌립니다. 그리고 멋진 음식을 즐기고, 당신과의 우정을 즐기게끔 하는 것이지요. 당신은 일종의 보살(bodhisattva)이 됩니다. 보살은 살아 있는 모든 것을 깨달음으로 이끄는 존재입니다. 특히 아이들은 마음챙김을 매우 쉽게 해냅니다. 뿐만 아니라 주위의 다른 사람들도 똑같이 할 수 있도록 일깨워 주는 것도 아주 능숙하지요.

설거지

제 기준으로 보면, 설거지가 즐겁지 않다는 생각은 오직 진정으로 설거지를 해 본 적이 없을 때에만 가능합니다. 싱크대 앞에 떡하니 서서 소매를 걷어붙이고 따듯한 물에 손을 담그면, 그야말로 정말 즐겁지요. 각각의 그릇을 찬찬히 살펴가며, 그릇과 물과 손의 움직임 하나하나에 최대한 의식을 두며 즐기는 것입니다. 더 빨리 디저트를 먹기 위해 서두른다면, 설거지라는 행위는 더는 즐겁지 않고 가치 없는 일이 되리라는 점을 압니다. 그렇게 되면 유감스럽지 않을 수 없지요. 삶의 매 분 매 초가 일종의 기적이어야만 하는 마당에 말입니다. 그릇 그 자체, 그리고 지금 여기서 자신이 그것들을 씻고 있다는 사실, 그것은 기적입니다!

설거지를 즐겁게 할 수 없다면, 얼른 가서 디저트를 먹기 위해 설거지를 빨리 끝내고 싶어 한다면, 동일한 이유로 디저트 또한 제대로 즐길 수 없습니다. 포크를 쥐는 순간부터, 그다음 무엇을 할지 생각할 터이니 말이지요. 그렇게 되면 디저트의 식감과 맛, 그와 함께 그것을 먹는 즐거움은 사라질 것입니다. 이런 식으로는 언제나 미래를 향해 질질 끌려가는 셈이고, 결코 지금 이 순간에 살 수 없게 되겠지요.

생생히 깨어 있는 의식의 햇살 아래서는 모든 생각, 모든 행위가 신성한 것으로 변합니다. 이 빛 속에서, 성과 속의 경계는 사라지지요. 제가 설거지를 하면 약간 더 오래 걸린다는 사실은 고백해야겠습니다. 하지만 저는 매 순간을 한껏 살아내고 있고, 무엇보다 행복합니다. 설거지는 수단인 동시에 목적입니다. 즉, 깨끗한 그릇을 얻기 위해 설거지를 할 뿐만 아니라, 설거지 자체가 목적이기도 하다는 말입니다. 설거지를 하며, 우리는 매 순간을 한껏 살게 되는 것이지요.

걷기 명상

걷기 명상은 매우 즐거운 일이 될 수 있습니다. 천천히, 홀로 또는 친구들과 함께, 가능하면 아름다운 장소에서 걷는 것이 지요. 걷기 명상이란 걷는 행위를 진정으로 즐기는 것입니다. 목적지에 도착하기 위해 걷는 것이 아니라, 걷기 위해 걷는다는 말이지요. 지금 이 순간에 존재하고, 호흡과 걷는 행위를 생생히 의식하며, 내딛는 걸음마다 즐깁니다. 그것이 목적이지요. 그렇기에 그 순간만큼은 모든 걱정과 불안을 떨쳐버리고, 미래를 생각하지 않고, 과거도 생각지 않으며, 오직 지금 이 순간을 즐깁니다. 어린아이와 손잡고 걸을 수도 있습니다. 걸으며, 마치 이 땅 위에 가장 행복한 사람인 양 한 걸음 한 걸음 만들어 나가는 것이지요.

우리는 항상 걷지만, 그 걸음은 대개 뛰는 것에 가깝습니다. 그런 식으로 걷는다면, 이 땅에 슬픔과 불안의 족적을 남기는 셈입니다. 이 땅에 오직 평화와 평온의 족적만 남기겠다는 방식으로 걸어야 합니다. 간절히 원한다면 모두가 그렇게 걸을 수 있습니다. 그것은 어떤 어린아이라도 쉽게 해냅니다. 이런 식으로 단 한 걸음만이라도 걸을 수 있다면, 그것이 둘, 셋, 넷, 다섯이 됩니다. 평화롭고 행복한 한 걸음이 가능할 때, 인류 전체의 평화와 행복을 위해 일하는 셈입니다. 걷기 명상은 정말이지 경이로운 수행법이지요.

바깥에서 걷기 명상을 할 때는, 정상 속도보다 약간 느리게 걷습니다. 그리고 자신의 호흡과 발걸음의 박자를 맞춥니다. 예를 들면, 마시는 호흡에 세 발자국, 다시 내쉬는 호흡에 세 발자국 같은 식이지요. 그래서 이렇게 말할 수도 있습니다. "안, 안, 안, 밖, 밖, 밖." '안'은 숨을 들이마실 때라고 확인하는 것입니다. 무엇인가를 그 이름으로 부를 때, 우리는 그것을 더욱 현실적으로 만듭니다. 마치 친구의 이름을 부르듯이 말이지요.

자신의 폐가 셋 대신 네 걸음의 박자를 원한다면, 그렇게 해주세요. 단 두 걸음만 원한다면, 그렇게 해줍니다. 내쉼과 들이쉼의 길이가 같을 필요도 없습니다. 예를 들면, 흡기에 세 걸음, 호기에 네 걸음 걸을 수도 있습니다. 걸으면서 행복하고 평화롭고 즐겁다 느낀다면, 딱 맞는 수행을 하고 있는 중인 겁니다.

대지와 자신의 발 사이 닿음에 주의를 기울입니다. 건 되 자신의 발로 대지에 입맞춤하듯 걸으세요. 우리는 이제껏 지구에 수많은 피해를 끼쳐왔습니다. 이제 그녀를 보살펴줄 때도 되었지요. 내면의 평화와 고요를 지구의 표면에 전달하고, 사랑의 교훈을 나눕니다. 그와 같은 정신으로 걷습니다. 때로 뭔가 아름다운 것을 보면, 걸음을 멈추고 쳐다보고 싶을 수도 있겠지요. 나무, 꽃, 뛰노는 아이들. 바라보되, 호흡은 놓치지 않고 따라갑니다. 생각에 사로잡혀 그 아름다운 것들을 놓치지 않도록 말이지요. 다시 걷고 싶어지면, 그냥 걷기 시작하면 됩니다. 내딛는 걸음마다 시원한 미풍이 불고, 몸과 마음은 생기를 되찾습니다. 내딛는 걸음마다 발밑에 꽃봉오리가 피어나는 듯합니다. 과거도 미래도 생각지 않고, 진정한 삶은 오직 지금 이 순간 발견됨을 알 때, 그때 우리는 그렇게 걸을 수 있습니다.

전화 명상

전화가 매우 편리한 것은 사실입니다만, 우리는 그것에 휘둘릴 수 있습니다. 벨소리가 성가시거나 전화가 너무 많이 와 방해가 된다고 느낄 수도 있지요. 전화기에 대고 얘기하면서도, 우리가 지금 전화기에 대고 얘기하고 있음을 잊기도 합니다. 소중한 시간만 낭비하는 셈입니다(그리고 돈까지). 그렇게까지 중요할 것도 없는 것들에 대해 얘기를 나누는 경우가 잦습니다. 전화비 고지서를 받아들고 그 액수를 보면 움찔할 때가 얼마나 많습니까? 전화 벨소리는 우리 안에 일종의 진동을 만들어냅니다. 이는 불안감이기도 합니다. '누가 전화하는 거지? 좋은 소식일까 나쁜 소식일까?' 그럼에도 모종의 힘이 우리를 전화기로 잡아끌지요. 거기에 우리는 저항하지 못합니다. 자기 전화기의 제물인 셈이지요.

이렇게 제안을 드리겠습니다. 다음번에 벨소리가 울리면, 움직이지 말고 그 자리에 머무르세요. 의식적으로 숨을 들이쉬고 내쉬고, 스스로에게 미소 짓고, 이렇게 읊조립니다. "들어보라, 들어보라. 이 경이로운 소리가 진정한 자신으로 되돌리네." 벨이 두 번째로 울리면, 경구를 한 번 더 반복할 수 있고, 미소는 좀 더 확고해집니다. 웃으면 얼굴 근육들이 이완되고, 긴장은 재빨리 사라집니다. 이런 식으로 호흡과 미소 명상을 해도 되는 이유는, 만약 전화를 건 사람이 뭔가 중요한 얘기를 할 사람이라면, 적어도 벨이 세 번 울릴 때까지는 기다릴 것이 틀림없기 때문입니다. 이제 세 번째 벨이 울립니다. 그래도 여전히 호흡과 미소 명상이 가능합니다. 나의 주인은 나라고 주장하는 듯 위엄 있게 천천히 전화 쪽으로 걸어가며 말이지요. 미소 지음이 비단 자신만을 위함이 아님을 당신은 알고 있습니다. 그것은 다른 사람을 위한 것이기도 하지요. 만일 짜증나거나 화가 난 상태라면, 다른 사람 또한 그 부정적 기운을 받을 것입니다. 하지만 전화를 받기 전 방금 의식적으로 숨 쉬고 미소 지었기에 마음챙김 속에 머물게 될 터이니, 그런 상태의 당신과 통화를 하게 된 사람은 얼마나 행운아겠습니까!

전화를 걸기 전에도 들이쉼과 내쉼을 세 번 할 수 있습니다. 그런 후에 전화를 거세요. 상대편에서 벨이 울리는 소리를 들으며, 만일 세 번 울릴 때까지도 친구가 전화를 받지 않는다면, 아마도 그 친구도 호흡과 미소 명상을 하고 있는지도 모릅니다. 그러하니 스스로에게 말할 수 있지요. '흠, 그(녀)가 호흡명상 중이군, 나도 가만있을 수 없지?' 그렇게 당신도, 친구도 호흡 명상을 하는 것이지요. 그것 참 얼마나 아름다운 광경인지!

이 경이로운 명상 수련을 위해 굳이 명상실에 들어갈 필요는 없습니다. 집에서도, 사무실에서도 할 수 있지요. 수많은 전화가 동시에 울려대는 전화교환소의 교환수들이 그 와중에 어떻게 명상을 할 수 있을지는 제가 알지 못합니다. 교환수가 전화 명상을 할 수 있는 방법을 알아내는 일은 여러분에게 맡기겠습니다. 하지만 교환수가 아닌 우리들은 세 번의 호흡을 할 권리가 있는 셈이지요. 전화 명상을 수련하면 스트레스와 우울증을 몰아낼 수 있습니다. 또한 일상으로 마음챙김을 가져오는 좋은 방법이지요.

운전 명상

40년 전, 베트남에서, 자전거를 타고 다녔던 최초의 승려가 바로 저였습니다. 당시에는, 그것이 전혀 '승려다운' 행동으로 여겨지지 않았지요. 하지만 요즘은 승려들도 오토바이를 타고 자동차를 몹니다. 명상 방법은 항상 최신식으로 유지해야 하고 세상의 진짜 상황에 맞추어야 합니다. 따라서 차를 몰기 전 읊조릴 수 있는 간단한 경구를 제가 만들었지요. 이것이 도움이 되길 바랍니다.

운전하기 전,
나는 내가 어디로 가고자 하는지 안다.
차와 나는 한몸이니,

차가 빨리 달리면, 내가 서두르는 셈.

때로 그다지 차를 탈 필요가 없음에도, 단지 자기 자신으로부터 벗어나고픈 마음에 차를 몰기도 합니다. 마음 한구석 공허함을 느끼지만 그것을 마주하고 싶지 않아 하는 것이지요. 너무 바쁜 것도 싫지만, 잠깐씩 틈이 날 때 홀로 자신을 대면하는 것 또한 두려워합니다. 우리는 일탈을 원하지요. 텔레비전을 켜거나, 전화기를 들거나, 소설책을 읽거나, 나가서 친구를 만나거나, 아니면 차를 몰고 어디론가 떠납니다. 우리의 문명은 그런 식으로 행동하라 가르칩니다. 이와 관련된 많은 것들을 함께 제공하면서 말이지요. 하지만 그렇게 되면 자기 자신을 대면할 시간을 점차 잃어버리게 됩니다. 차에 시동을 걸면서 이 시를 읊조린다면, 이는 마치 횃불과 같아서 실은 어디로도 갈 필요가 없다는 사실을 알아차릴지도 모릅니다. 그 어디로 가든, 우리 '자신'은 언제나 우리와 함께 합니다. 결코 빠져나갈 수 없는 게지요. 그러하니 차라리 엔진이 꺼진 채 두고, 나가서 걷기 명상을 하는 편이 더 즐겁고 나은 일일는지도 모릅니다.

지난 몇 년 간, 산성비로 인해 500만 제곱킬로미터에 달하는 숲이 파괴되었다고 합니다. 그 책임의 일부는 우리들의 자동차에 있겠지요. '운전하기 전, 나는 내가 어디로 가고자 하는지 안다.'라는 말은 매우 심오한 질문입니다. 어디로 가는 걸까요? 우리 자신들의 파괴로? 나무들이 죽는다면, 우리 인간 또한 죽게 됩니다. 가고자 하는 여정이 필요한 것이라면, 주저 없이 가십시오. 하지만 그것이 그다지 필요한 것이 아니라 판단되면, 차에서 내려 강변을 걷거나 공원으로 산책을 나갈 수도 있겠지요. 자기 자신으로 돌아오고 다시 한번 나무들과 친구가 되는 겁니다.

'차와 나는 한 몸이다.' 모두들 차는 단지 도구일 뿐이고 우리가 주인이라는 인상을 갖습니다. 하지만 그건 사실이 아닙니다. 어떤 도구나 기계를 사용할 때, 우리는 변신합니다. 바이올리니스트가 바이올린을 들면 매우 아름답게 변하지요. 누군가 총을 들면 그는 매우 위험해집니다. 우리가 차에 타면, 우리는 자신인 동시에 차가 됩니다.

오늘날 운전은 일상이 되었습니다. 제가 운전을 하지 말라고 말씀드리는 것은 아닙니다. 다만 운전할 때 보다 의식적으로 하라고 제안 드리는 것이지요. 운전을 할 때, 우리는 오직 목적지만을 생각합니다. 그리하여 빨간불에 걸릴 때마다 그다지 행복해하지 않지요. 빨간불은 우리가 목표를 향해 가는 것을 방해하는 일종의 적이 되어버립니다. 하지만 빨간불조차 지금 이 순간으로 돌아오라 우리를 일깨우는 마음챙김의 종소리로 바라볼 수 있습니다. 다음번 빨간불에 걸리면, 그것을 향해 미소 짓고 자신의 호흡으로 돌아가 보세요. "들이쉬며, 나의 몸이 고요해진다. 내쉬며, 미소 짓네." 짜증나는 느낌을 즐거운 느낌으로 변화시키는 것이 이렇게 쉽습니다. 똑같은 빨간불이건만, 전혀 다른 느낌으로 변하지요. 그것은 친구처럼 되어, 삶이란 오직 지금 이 순간에서만 펼쳐진다는 사실을 기억하도록 돕습니다.

몇 년 전 수련회를 주관하기 위해 제가 몬트리올에 머물 때, 한 친구가 산악지역으로 가기 위해 저를 태우고 도시를 가로질러 운전을 한 적이 있습니다. 그런데 차가 멈출 때마다 앞차 번호판에 'Je me souviens'이라고 쓰여 있는 것이었습니다. '나는 기억한다.'라는 의미였지요. 무엇을 기억하길 원하는지 알 수는 없었습니다. 아마도 그들이 프랑스 출신이라는 사실을 기억하고 싶다는 것인지는 모르겠으나, 아무튼 저는 친구에게 한 가지 선물을 주겠다고 얘기했지요. "저 'Je me souviens'라는 문장이 적힌 차를 볼 때마다, 호흡하고 미소 지어야 함을 기억하게. 그걸 마음챙김의 종으로 삼는 거야. 그럼 몬트리올 시내를 운전하고 다니는 동안 호흡과 미소 명상을 할 기회를 정말 많이 갖게 될 걸세."

친구는 완전 신이 났습니다. 바로 자신의 친구들과 그 수행법을 공유하였지요. 후에, 프랑스에서 그 친구가 저를 방문했을 때 말하길, 파리에 오니 몬트리올에 있을 때보다 연습하기가 어렵다고 하는 겁니다. 왜냐하면 파리에는 'Je ne souviens'라고 적힌 번호판이 보이지 않기 때문이라는 거지요. 제가 말했습니다. "파리에도 빨간불이랑 정지 신호는 사방 천지에 있지 않은가. 연습을 그걸로 대체해보지 그래?" 잠시 파리에서 지낸 후 몬트리올로 돌아간 친구는 제게 정말 멋진 편지를 한 통 보내왔습니다. "타이, 덕분에 파리에서의 연습이

정말 수월했다네. 내 앞에 차가 설 때마다, 호흡과 미소로 앞
차에 대답을 해야만 했지. 아마 그보다 더 좋은 대답은 없었
을 걸세. 파리에서 운전하고 다니는 내내 더 없이 환상적인
시간을 가지게 되었네."

　　여러분들도 다음번 교통체증 한가운데 있을 때, 싸우
지 마세요. 그것은 무의미한 짓입니다. 그저 살짝 물러앉아
스스로에게 미소 지으세요. 자비와 사랑스런 친절함의 미소
말입니다. 지금 이 순간을 즐기고, 호흡하고 미소 지어, 차에
같이 타고 있는 다른 이들까지도 행복하게 만들어보는 겁니
다. 호흡하고 미소 짓는 법을 안다면 바로 거기 행복이 있습
니다. 행복이란 언제나 지금 이 순간에서 찾을 수 있기 때문
입니다. 무릇 명상 수련이란 지금 이 순간으로 되돌아가는 연
습입니다. 거기서 꽃들, 푸른 하늘, 어린아이와 조우하는 것이
지요. 언제든 행복할 수 있습니다.

구분 없애기

우리는 살면서 수많은 구분을 짓습니다. 어떻게 하면 명상실에서 벗어나 부엌에서, 그리고 사무실에서 명상할 수 있을까요? 명상실에서는 조용히 앉아 매 호흡에 주의를 쏟지요. 어떻게 하면 이렇게 앉아 있는 시간이 앉아 있지 않은 시간에 영향을 끼칠 수 있을까요? 의사가 당신에게 주사를 놓으면, 그 효과는 팔에만 국한되지 않고 몸 전체로 퍼집니다. 하루에 30분 앉아서 명상하는 시간을 가질 때, 그 시간은 스물네 시간 전부를 위한 것이어야 하지, 단지 그 30분을 위한 것이 되어서는 안 됩니다. 한 번의 미소, 한 번의 호흡이라도 온전히 하루 전체에 효과를 미쳐야 하겠지요. 고작 그 순간에 국한되어선 곤란합니다. 우리는 수행과 일상의 경계를 무너뜨릴 수 있는 방식으로 수행해야만 합니다.

명상실에서 걸을 때, 주의 깊게 매우 천천히 한걸음씩 내딛습니다. 하지만 공항에서 또는 슈퍼마켓에서라면, 전혀 다른 사람이 되어버리지요. 우리는 매우 빨리 걷고, 덜 마음챙김합니다. 공항에서, 슈퍼마켓에서 어떻게 하면 마음챙김 수행을 이어나갈 수 있을까요? 제 친구 한 명은 전화 통화 사이마다 호흡연습을 하는데, 그것이 상당히 도움이 된다고 합니다. 또 다른 친구는 업무 약속 사이에 걷기 명상을 합니다. 덴버 시내의 빌딩들 사이를 마음챙김하며 걸어서 오가는 것이지요. 지나가는 사람들은 그에게 미소 짓고, 그의 업무 미팅은, 심지어 까다로운 상대를 만났을 때조차, 종종 상당히 즐거우면서도 매우 성공적으로 마무리됩니다.

수행을 명상실로부터 일상으로 가져올 수 있어야 합니다. 어떻게 그것을 할 수 있을지 서로 간에 토론을 해 볼 필요도 있지요. 여러분은 전화 통화 사이사이 호흡 연습을 합니까? 당근을 썰며 미소 연습은 하는지요? 몇 시간에 걸친 고된 작업 후에 이완 연습을 하십니까? 이것들은 실질적인 질문들입니다. 저녁 식사 때, 여흥을 즐길 때, 잠 잘 때 어떻게 명상을 적용시키는지 안다면, 그것이 당신의 일상을 관통하고, 사회적 관계 면에서도 엄청난 효과를 갖게 될 것입니다. 마음챙김이 매일의 활동 하나하나에 영향을 미치는 것이 가능합니다. 뭔가 동떨어진 서술에 불과한 것이 아닌 매일, 매 시간, 매 분 적용되는 그런 것일 수 있지요.

호흡과 낫질

혹시 낫으로 풀베기를 해본 적 있으십니까? 요즘은 낫을 쓰는 경우가 많지 않지요. 대략 10년 전, 집에 낫을 하나 가져와서 주위의 풀을 베어 본 적이 있습니다. 익숙해질 때까지 일주일 이상이 걸리더군요. 써는 방식, 낫을 잡는 방식, 낫이 풀에 닿을 때의 각도, 이 모든 것이 중요합니다. 제가 발견한 사실은, 팔의 움직임을 호흡의 리듬에 맞추고, 자신의 움직임에 의식을 유지한 채 서두름 없이 일하면, 좀 더 오랜 시간 일을 할 수 있다는 것이었습니다. 이렇게 하지 않았을 때는, 불과 10분이면 지쳐버렸습니다.

　　　지난 수년간 저는, 지치도록 움직여서 호흡을 놓치는 일은 가급적 피해왔습니다. 자기 몸은 스스로 잘 돌봐야만 하기에, 음악가가 자신의 악기를 대하듯 그렇게 몸을 다루었지요. 제 자신의 몸에 대해서도 비폭력을 실천하였습니다. 그것이 뭔가를 달성하기 위한 도구에 불과하다 생각지 않으니까요. 육신 또한 그 자체로 목적입니다. 저는 낫도 똑같은 방식으로 다루었습니다. 호흡을 따라가며 그것을 쓸 때면, 저의 호흡과 낫이 리듬 속에 함께함을 느낍니다. 이는 다른 많은 도구들의 경우에 있어서도 진실이지요.

하루는 어떤 노인이 제 이웃을 방문하였는데, 저에게 낫질을 어떻게 하는 것인지 보여주겠다고 했지요. 그는 저보다 훨씬 더 능숙했지만, 그가 낫질을 하는 자세나 움직임은 대부분 제가 하는 방식과 동일했습니다. 제가 놀랐던 부분은 그분 또한 자신의 움직임과 호흡을 일치시키고 있었다는 사실이었지요. 그 이후로, 누군가 낫으로 풀을 베는 것을 볼 때마다, 저는 그가 깨어 있는 의식을 연습하고 있다고 생각합니다.

어떤 목표도 없음

서구에서는, 모두들 목표 지향적입니다. 우리는 자신이 어디로 가고 싶어 하는지 알며, 자신의 모든 것을 거기 도달하는 방향으로 맞추지요. 이것이 유용할는지는 모르나, 그 와중에 스스로 과정 자체를 즐겨야 함을 종종 잊습니다.

불교에는 '원하는 바 없음' 또는 '목표 없음'이라는 의미의 단어가 있습니다. 이는 뭔가를 앞에 두고 좇지 않는다는 개념입니다. 왜냐하면 일체가 이미 지금 여기에, 당신 내면에 있기 때문이라는 것이지요. 걷기 명상을 한다면, 그것이 목적지에 도달하기 위함은 아닙니다. 단지 평화롭고 행복한 걸음을 만들어갈 뿐이지요. 만일 미래에 대해, 원하는 바를 현실화함에 대해 끊임없이 생각한다면, 정작 지금 내딛는 발걸음은 잊어버립니다. 앉아서 하는 명상 또한 똑같이 적용됩니다. 앉는 이유는 오직 앉음을 즐기기 위해서입니다. 거기에 달성해야 할 목표 따위는 없습니다. 이는 너무나 중요한 요점입니다. 앉아서 하는 명상의 매 순간은 우리를 생생한 삶 자체로 되돌리는 것이어야 합니다. 앉아 있는 행위 자체를 즐기는 방식으로 앉아야 합니다. 감귤을 먹든, 차 한 잔을 마시든, 걷기 명상을 하든, 그것은 행위 자체가 의미인, 즉 '목표 없음'의 방식으로 행해져야 하지요.

　　우리는 자주 스스로를 다그칩니다. '거기 그냥 앉아 있지 말고, 뭐라도 좀 해!' 그런데 깨어 있는 의식 수행을 하게 되면, 뭔가 기이한 점을 발견하지요. 그 정반대가 오히려 더 도움이 된다는 걸 알게 됩니다. '뭐든 하지 말고, 거기 그냥 앉아 있어!' 때로 멈춤을 배울 필요가 있습니다. 명료한 시야를 얻기 위해서 말이지요. 처음에는, '멈춤'이 현대적인 삶에 대한 일종의 저항으로 비춰집니다. 하지만 그렇지 않습니다. 그것은 단순히 반작용에 불과한 것이 아닙니다. 그것은 삶의 한 방식이지요. 인류의 생존이 이 허겁지겁 달려감을 멈출 수 있는가에 달려 있습니다. 우리는 5만 개가 넘는 핵탄두를 갖고 있지만, 그럼에도 불구하고 더 만들어내는 것을 멈추지 못합니다. '멈춤'은 단지 부정적인 것을 멈추는 것에 국한되지 않습니다. 긍정적인 치유가 일어나도록 허용하는 것이기도 합니다. 이것이야말로 우리가 수행하는 목적입니다. 삶에서 도망가는 것이 아니라, 이를 적극적으로 경험해내며 행복이 지금 이 순간, 그리고 미래에도 가능함을 보여주는 행위인 것입니다.

행복의 토대가 마음챙김입니다. 행복해지는 기본 조건은 행복한 상태를 우리가 의식할 줄 아는가입니다. 이미 행복함을 스스로 의식하지 못한다면, 진실로 행복해질 수 없겠지요. 치통이 있어야, 치통이 없는 것이 얼마나 경이로운 것인지 깨닫습니다. 하지만 치통을 경험해보지 못하면, 그것이 행복한 상태임을 알지 못하지요. 사실, 치통 없음은 평범하지만 너무나 즐거운 상태인 것입니다. 세상에 즐거운 일이 너무나도 많지만, 마음챙김이 되지 않는다면 그것을 인식하지 못합니다. 마음챙김을 실천할 때, 이런 것들을 소중히 여기고, 아끼는 법을 배웁니다. 지금 이 순간을 잘 가꿈으로써, 우리는 미래를 가꾸는 것입니다. 지금 이 순간의 평화를 위해 힘쓰는 것이 바로 미래의 평화를 위해 힘쓰는 것입니다.

우리의 삶은
예술작품이다

남부 캘리포니아에서의 어느 수련회 후, 한 예술가가 저에게 물었습니다. "어떤 방식으로 꽃을 바라보는 게 좋을까요. 어떤 식으로 보아야 완전한 모습을 보고 그것을 제 예술에 접목시킬 수 있을까요?" 저는 말했습니다. "그런 방식으로 본다면, 결코 진정으로 꽃에 가 닿을 수 없습니다. 모든 계획을 버리세요. 그것을 추구하거나 거기서 뭔가 얻어내려는 의도가 없어야 합니다. 그래야만 당신은 꽃과 하나가 될 수 있어요." 그 예술가가 또 말했습니다. "친구와 함께할 때, 저는 그(녀)로부터 뭔가를 얻고 싶습니다." 물론 친구로부터 뭔가 유익을 얻을 수는 있습니다. 하지만 친구란 어떤 유익의 대상 그 이상이지요. 그냥 친구와 함께하십시오. 지원이나 도움, 조언을 구할 생각 없이 단순히 함께함, 그것이 바로 예술입니다.

어떤 것을 볼 때 거기서 뭔가 얻겠다는 의도를 갖고 바라보는 것이 일종의 습관처럼 되어버렸습니다. 우리는 그것을 '실용주의'라고 부르며, 진실에는 대가가 따른다 말하지요. 만일 진리를 얻기 위해 명상을 한다 하면, 마치 충분한 대가가 따르는 것처럼 보입니다. 명상 중에는 멈추고, 보다 깊이 봅니다. 이는 단순히 거기 있기 위해 멈추는 것입니다. 자기 자신과, 그리고 세상과 함께 거기 존재하기 위해서 말입니다. 멈출 수 있게 되면 비로소 보기 시작하고, 볼 수 있다면 이해가 생깁니다. 평화와 행복은 그 과정의 열매입니다. 친구와, 그리고 꽃과 진정으로 함께할 수 있으려면 이 멈춤의 기술을 터득해야 합니다.

이익을 생각하는 데 익숙한 이 사회에 어떻게 하면 평화의 요소를 가져올 수 있을까요? 어떻게 하면 우리의 미소가 단지 외교적 수단이 아닌 진정한 기쁨의 원천이 되게 할 수 있을까요? 자신에게 미소 지을 때, 그것은 사교를 위한 것이 아니지요. 이는 우리가 본연의 자기 자신임을, 스스로에 대해 완전한 지배권이 있음을 증명하는 것입니다. 멈춤, 목적 없음, 또는 그저 존재함에 대해 시를 쓸 수 있을까요? 그에 대해 그림으로 표현할 수 있을까요? 마음챙김으로 하는 모든 행위는 시를 짓거나 그림을 그리는 것과 같습니다. 상추를 기르는 행위는 한 편의 시입니다. 슈퍼마켓으로 걸어가는 행위조차 한 폭의 그림이 될 수 있습니다.

어떤 것이 예술 작품일지 아닐지에 대해 스스로 신경 쓰지 않고, 매 순간 평정심과 마음챙김으로 행위를 할 수 있다면, 우리 삶의 모든 순간은 하나의 예술작품입니다. 꼭 그림을 그리거나 시를 짓는 행위가 아닐지라도, 여전히 창조 행위를 하고 있는 것이지요. 우리는 아름다움, 기쁨, 평화를 잉태하고 있으며, 많은 사람들을 위해 삶을 더 아름답게 만들고 있는 중입니다. 때로는 '예술'이라는 단어를 써서 예술에 대해 얘기하지 않는 편이 낫습니다. 단순히 각성과 온전함을 갖춘 행위만으로도, 우리의 예술은 꽃필 것이고, 그럼 그에 대해 말을 할 필요조차 없겠지요. 평화가 되는 법을 알면, 예술이 평화로움을 공유하는 경이로운 방법임을 발견합니다. 예술적 표현은 이런저런 방법으로 일어나지만, 그 본질은 존재 그 자체입니다. 그러하니, 진정한 자신으로 돌아가야 합니다. 그래서 자신 안에 기쁨과 평화가 깃들 때, 우리의 예술 창조는 너무나 자연스러울 터이고, 그것이 어떤 긍정적인 방법으로 세상을 섬기겠지요.

희망이 장애물일 수 있다

희망이 중요한 이유는, 그것이 지금 이 순간의 어려움을 덜어주기 때문이지요. 내일은 더 좋아지리라는 믿음은, 오늘의 고단함을 견디게 해줍니다. 하지만 약간의 고단함을 덜어주는 것, 그것이 희망이 우리에게 줄 수 있는 전부입니다. 희망의 본질에 대해 깊이 생각해보면, 제게는 뭔가 비극적인 면이 보입니다. 사람들은 미래의 희망에 매달리지요. 그렇기에 정작 지금 이 순간 자신의 에너지와 능력에 집중하지 못합니다. 미래에 뭔가 더 좋은 일이 벌어지리라, 결국 평화를 얻으리라, 아니면 하나님의 왕국에 들리라 믿기 위해 우리는 희망을 사용합니다. 그러면 희망은 일종의 장애물이 됩니다. 희망에서 자유로울 수 있다면, 자신을 온전히 지금 이 순간 여기로 가

저올 수 있습니다. 그리고 거기 이미 그리고 언제나 기쁨이 있었음을 발견하지요.

깨달음, 평화, 그리고 기쁨은 누군가에 의해 주어지는 것이 아닙니다. 그 원천은 내면에 있고, 이 순간에 머물며 깊이 파고 들어가면 결국 샘솟을 터입니다. 진정으로 살아 숨쉬기 위해서는 지금 이 순간으로 되돌아와야 합니다. 의식적인 호흡을 연습할 때, 우리는 이 순간으로 되돌아오는 연습을 하는 셈입니다. 일체 모든 것이 오직 그곳에서 벌어지지요.

서구 문명은 희망이라는 개념을 너무도 많이 강조합니다. 희망을 위해 지금 이 순간을 희생하라고 말하지요. 희망은 언제나 미래를 향합니다. 그것은 이 순간의 기쁨, 평화, 깨달음을 발견하는 데 아무런 쓸모가 없지요. 많은 종교들이 희망에 기초합니다. 그래서 이렇게 희망을 멀리하라는 가르침은 엄청난 반발을 일으킬 수도 있지요. 하지만 이 충격은 뭔가 중요한 것을 초래할 수 있습니다. 저는 희망 따위를 가져서는 안 된다고 말씀드리는 것이 아닙니다. 오히려 희망만으로는 부족하다는 것을 말씀드리는 것입니다. 희망이 여러분에게 일종의 장애물로 작용할 수 있고, 만일 희망의 에너지에만 머문다면, 다시 지금 이 순간으로 온전히 돌아오지 못할 터임을 강조하는 것이지요. 지금 이 순간으로 에너지를 되돌려 일이 어떻게 돌아가고 있는지에 주의를 쏟지 못한다면, 현 상황의 돌파구를 만들어내는 것은 불가능합니다. 게다가 자신의 내면에, 그리고 주위 온 천지에 지금 이 순간 발견되는 기쁨과 평화를 결코 누릴 수 없지요.

　　20세기 중반 미국의 평화 운동가로서 수백만의 사람들에게 영감을 주었던 A. J. 머스테는 이렇게 말했습니다. "평화로 가는 길은 없다. 평화가 곧 길이다." 이는 바로 지금 이 순간 우리의 모습, 우리의 미소, 우리의 말, 우리의 행동에서 평화를 알아차릴 수 있음을 의미하는 것이겠지요. 평화 운동은 어떤 수단이 아닙니다. 우리가 만들어내는 발걸음 하나하나가 평화이어야만 합니다. 발걸음마다 기쁨. 발걸음마다 행복. 우리가 확고하다면, 해낼 수 있습니다. 거기에 미래는 필요치 않습니다. 지금 미소 짓고 이완할 수 있습니다. 원하는 모든 것은 바로 여기 지금 이 순간 존재합니다.

염화미소

선불교에는 꽃과 관련된 유명한 일화가 있습니다. 하루는 붓다께서 1,250 비구와 비구니 앞 법문 자리에서 한 송이 꽃을 드십니다. 그리고 아무 말씀도 하지 않으셨지요. 대중들 또한 완벽한 정적을 지킵니다. 모두들 열심히 생각하여 붓다께서 보이신 행위 뒤에 숨겨진 의미를 알아차리려 애씁니다. 어느 순간 갑자기, 붓다께서 살며시 미소 지으셨습니다. 대중 속 누군가 부처님과 꽃을 향해 미소 지었기 때문이었지요. 그 승려의 이름이 마하가섭(Mahakashyapa)입니다. 그만이 유일하게 미소 지었고, 붓다께서 미소로 화답하며 말씀하셨습니다. "나에게 깨달음의 보물이 있으니, 방금 그것이 마하가섭에게 전해졌노라." 이 일화는 수많은 세대에 걸쳐 참선 수행자들 사이에 토론되어 왔습니다. 사람들은 여전히 그 의미가 무엇인지 찾고 있지요. 저에게 이 일화의 의미는 너무나 명료합니다. 누군가 꽃을 들어 그것을 당신에게 보인다면, 그는 당신이 꽃을 보길 원하는 것입니다. 당신이 계속해서 생각만 한다면, 꽃은 놓치겠지요. 생각하고 있지 않은 사람, 단순히 진정한 자신인 사람은 보여진 꽃과 깊이 조우하게 될 터이고, 그럼 미소 지을 수밖에요.

바로 이것이 삶의 문젯거리입니다. 우리가 온전히 우리 자신이 아니라면, 진실로 지금 이 순간에 있지 못한다면, 모든 것을 놓치는 셈입니다. 어린아이가 환한 미소로 당신에게 자신을 드러낼 때, 당신이 거기 진실로 있지 못하면 -미래나 과거를 생각하거나, 다른 문제들에 사로잡혀 있다면- 아이는 당신 앞에 없는 것이나 마찬가지입니다. 생생히 살아 존재하는 기술이란 진정한 자신으로 되돌아가는 것입니다. 어린아이의 등장이 경이롭고 놀라운 현실이 되는 것입니다. 그럼 당신은 아이의 미소를 볼 수 있고 그를 두 팔로 꼭 안아줄 수도 있습니다.

여러분과 한 편의 시를 공유하고 싶습니다. 제 친구가 쓴 것입니다. 그는 사이공에서 스물여덟 나이에 죽었습니다. 그의 사망 후에, 사람들은 그가 썼던 많은 아름다운 시들을 발견했습니다. 처음 이 시를 읽었을 때 저는 깜짝 놀랐습니다. 단 몇 줄에 불과하지만, 아름답기 그지없지요.

울타리 옆에 고요히 서서,
당신은 경이로운 미소를 보냅니다.
그 아름다운 노랫소리에 오감이 충족되고,
저는 그저 할 말을 잃지요.
그것은 시작도 없고 끝도 없습니다.
제가 얼마나 깊이 당신에게 빠진 것일까요.

"당신"은 달리아 꽃을 은유합니다. 어느 날 아침 울타리를 지나갈 때, 그는 작은 꽃을 너무나 깊이 본 나머지 그 자태에 충격을 받았고, 멈추어 서서 시를 지었던 것이지요.

저는 이 시를 정말 즐겨 읽습니다. 여러분은 어쩌면 이 시가 신비주의적이라 생각할는지도 모르겠습니다. 그가 사물을 바라보고 발견하는 방식이 매우 심오하기 때문이지요. 하지만 그는 우리들과 다를 바 없는 그냥 평범한 사람이었습니다. 그가 어떻게 또는 어째서 그런 식으로 볼 수 있게 되었는지 알 수는 없지만, 바로 그렇게 보는 것이 정확히 마음챙김의 실천입니다. 삶에 진정으로 가 닿으려 노력하며, 차를 마실 때, 걸을 때, 앉을 때, 혹은 꽃을 쳐다볼 때 깊이 바라보는 것이지요. 성공의 비밀은 진정한 자신으로 존재하는 것이고, 그렇게 될 때, 지금 이 순간의 삶과 마주합니다.

호흡의 방

우리는 온갖 용도의 방 -먹는 곳, 자는 곳, 텔레비전을 보는 곳- 을 갖고 있습니다. 그런데 마음챙김을 위한 방은 없지요. 집에 작은 방을 꾸며 그것을 '호흡의 방'이라 부르기를 권유 드립니다. 적어도 힘든 순간만이라도, 거기 혼자 있으며 오직 호흡과 미소 연습에만 집중할 수 있게 하는 것입니다. 그 작은 방은 평화 왕국의 대사관처럼 취급되어야 합니다. 존중 받고, 분노, 고함침, 또는 그와 비슷한 것들로부터 침해받지 않아야 합니다. 부모가 아이에게 이제 막 고함치기 시작할 때, 아이는 그 방에 피신할 권리가 있습니다. 아빠도 엄마도 그 안에 들어간 자녀에게 더 이상 고함칠 수 없습니다. 대사관 안은 불가침 지역이니까요. 부모도 때때로 그 방으로 피신할 필요가 있습니다. 거기 앉아, 숨쉬고, 미소 짓고, 자기 자신을 회복하는 것이지요. 그렇게, 그 방은 온 가족의 유익을 위한 곳입니다.

호흡의 방은 아주 단순하게 꾸미는 것이 좋습니다. 너무 밝아도 좋지 않습니다. 어쩌면 작은 종을 가져다 놓으면 괜찮을 것도 같네요. 아름다운 소리가 나는 종 하나, 쿠션이나 의자 몇 개, 그리고 우리의 진정한 본성을 떠올려 주는 꽃과 꽃병 하나쯤 있으면 좋겠습니다. 당신과 자녀들이 마음챙김 속에서, 미소 지으며 꽃을 꽂으면 좋겠네요. 약간이라도 속이 상하면, 그럴 때마다 호흡의 방으로 가는 것이 최선임을 곧 알게 됩니다. 천천히 문을 열고 들어가, 앉아서, 종소리를 초대합니다. 베트남에서는 종을 '때린'다거나 '친'다라고 말하지 않습니다. 그리고 호흡을 시작합니다. 종은 호흡의 방에 있는 이를 도울 뿐 아니라, 집안의 다른 이들까지 돕습니다.

당신 남편이 짜증이 났다 해봅시다. 그는 호흡 수행을 배워왔기 때문에, 그 방으로 들어가는 것이 최선임을 압니다. 따라서 거기 앉아서, 연습합니다. 당신은 남편이 어디로 갔는지 알지 못할 수도 있습니다. 어쩌면 부엌에서 당근을 써느라 바빴을지도 모릅니다. 하지만 당신 또한 속상해 하는 중인데, 왜냐면 당신과 남편이 어떤 이유로 방금 말다툼했기 때문이지요. 감정이 실려 칼질을 살짝 더 세게 하고 있습니다. 성냄의 에너지는 행동에 전이되기 마련이지요. 불현듯, 종소리가 들립니다. 이제 당신이 어떻게 해야 할지는 스스로 잘 알고 있습니다. 써는 것을 멈추고 당신도 들이쉬고 내쉽니다. 기분이 한결 좋아지고, 입가에 살짝 미소도 비치는군요. 남편에 대해 생각합니다. 화가 날 때 어떻게 해야 할지 그는 잘 알고 있네요. 그는 지금 호흡의 방에 앉아, 호흡하고 미소 짓는 중입니다. 아주 멋지군요. 이렇게 할 줄 아는 사람들이 그리 많지 않습니다. 갑자기, 다정한 느낌이 솟아납니다. 당신 감정은 훨씬 좋아졌군요. 세 번의 주의 깊은 호흡 후에, 다시 당근을 썰기 시작합니다. 하지만 이번에는 완전히 다르군요.

　　말다툼하는 광경을 모두 지켜봤던 딸은 한바탕 폭풍이 몰아치리라 짐작했습니다. 자기 방으로 물러가 문을 닫고, 조용히 기다리고 있었지요. 하지만 폭풍 대신 종소리가 들렸네요. 이제 일이 어떻게 돌아가고 있는지 딸도 이해합니다. 너무나 안도하며, 아빠에게 고마움을 전하고 싶어 합니다. 딸은 천천히 호흡의 방으로 가서, 문을 열고, 조용히 아빠 옆에 앉아 자신의 지지를 표시합니다. 남편에게 정말 큰 힘이 되겠군요. 그는 이미 방을 나갈 준비가 되었다고 -이제 웃을 수 있으니까- 느꼈지만, 자기 딸이 거기 앉아 있기에, 그녀의 호흡 명상을 위해 다시 한번 종을 울리고 싶어졌습니다.

　　부엌에서, 당신이 두 번째 종소리를 듣습니다. 이제 당근을 써는 게 가장 우선시 되는 일이 아니라는 것을 압니다. 그리하여, 칼을 내려놓고 당신도 호흡의 방으로 향합니다. 문이 열리고 당신이 들어오는 기적을 남편도 느끼지요. 이제 그는 완전히 좋아졌지만, 당신도 들어왔기에 조금 더 머물기로 마음먹습니다. 그리고 이제 당신의 호흡 명상을 위해 세 번째 종을 울리는 것이지요. 정말 아름다운 한 장면입니다. 만약 엄청난 부자라면, 값비싼 반 고흐의 그림을 구입해 거실에 걸어 놓을 수 있을는지도 모릅니다. 하지만 그 그림조차 호흡의 방 안에 펼쳐진 이 장면에 비하면 아름다움이 바랩니다. 평화와 화해의 실천은 인간의 행위에서 가장 소중하고 예술적인 것 중 하나이지요.

내가 아는 가족 중에는, 자녀가 아침 식사 후에 호흡의 방에 들어가 앉아 호흡하며, "안- 밖- 하나", "안- 밖- 둘", "안- 밖- 셋"하고 열까지 세고, 그런 후에야 등교하는 집이 있습니다. 여러분들 자녀가 열 번까지 하고 싶어 하지 않는다면, 세 번만 해도 충분합니다. 하루를 이런 식으로 시작함은 매우 아름답기도 하거니와 가족 모두에게 상당한 도움이 됩니다. 아침을 시작하며 마음챙김이 되어 있고 그것을 종일 유지할 수 있다면, 저녁에 퇴근하며 미소를 띤 채 집에 들어올 수 있을는지도 모르지요. 그것은 마음챙김이 여전히 유지된다는 증거일 테니까요.

저는 모든 가정에 호흡의 방이 있어야 한다고 믿습니다. 의식적인 호흡과 미소 같은 단순한 수행은 매우 중요합니다. 그것만으로도 우리 문명을 바꿀 수 있지요.

계속되는 여정

여기까지 우리는 마음챙김하며 함께 걸어왔습니다. 집에서, 일터에서, 그리고 종일, 온전히 각성된 상태로 호흡하고 미소 짓는 법을 배웠지요. 마음챙김하며 식사하는 것에 대해 논의하고, 설거지, 운전, 전화 받기, 심지어 낫으로 풀베기에 대한 이야기도 나누었습니다. 마음챙김은 행복한 삶의 토대이지요.

  그렇지만 자신을 힘들게 하는 감정은 어떻게 다루어야 할까요? 화, 증오, 후회, 슬픔과 같은 감정을 느낄 때 우리는 무엇을 할 수 있을까요? 이런 종류의 정신 상태를 다룰 때 좋을 제가 배웠던 많은 수행법들이 있습니다. 지난 40여 년간 제가 발견했던 방법들도 몇 가지 있지요. 이어서 여정을 함께 하며 실제로 해보면 어떨까요?

변용과 치유

Peace is every step

02

감정의 강

우리의 모든 생각과 행동에 방향을 제시함에 있어 감정은 매우 중요한 역할을 합니다. 우리 내면에는 감정의 강 같은 것이 있지요. 강에 흐르는 물 한 방울 한 방울이 전부 서로 다른 감정이고, 각각의 감정은 다른 모든 감정에 의지하여 그 존재를 유지합니다. 이를 관찰하고자 한다면, 단지 강둑에 앉아, 떠오르고, 경험되며 흘러가고, 결국 사라지는 각각의 느낌들을 구별하기만 하면 됩니다.

감정에는 세 가지 종류가 있습니다. 즐거운, 불쾌한, 그리고 중립적인 감정이 그것입니다. 어떤 불쾌한 감정을 가질 때, 우리는 그것을 피하고 싶어할 수 있습니다. 하지만 의식적인 호흡으로 돌아가 그것을 단지 지켜보는 것이 사실은 훨씬 효과적입니다. 지켜보고, 거기 이름표를 달아, 조용히 스스로 인식하는 것이지요. '들이마시며, 내 안에 불쾌한 느낌이 있음을 안다. 내쉬며, 내 안에 불쾌한 느낌이 있음을 안다.' 가령 '화', '슬픔', '기쁨', 또는 '행복'처럼, 어떤 느낌에 이름표를 달아 부르면 그것을 명료하게 인식하고 좀 더 깊이 알아차리는데 도움이 됩니다.

감정들에 대해 접점을 유지하며 기꺼이 받아들이는 작업에 호흡을 이용할 수 있습니다. 호흡이 가벼우면서도 고요하면 -주의 깊은 호흡의 자연스러운 결과입니다- 우리 몸과 마음은 가볍고, 고요하고, 명료하게 서서히 변하고, 이에 따라 감정 또한 그렇게 됩니다. 주의 깊은 관찰은 '불이(不二)'의 원리에 기반을 두고 있습니다. 감정이란 자신과 분리되어 있는 무엇이 아닙니다. 또는 단순히 우리 밖에 있는 무엇인가가 원인인 것도 아니지요. 감정은 우리 자체입니다. 잠깐 동안 우리는 그 감정이 되는 것이지요. 감정이란 거기 빠지는 것도 아니고, 그로 인해 겁먹을 것도 아니며, 거부할 무엇도 아닙니다. 감정에 매달리거나 거부하지 않는 이러한 태도를 내려놓음이라고 합니다. 명상 수련의 중요한 부분 중 하나이지요.

우리가 조심스럽게, 애정 어린 태도로, 비폭력적으로 불쾌한 감정을 마주볼 수 있다면, 자신을 성장시키는 건전한 에너지로 그것을 탈바꿈시키는 것이 가능합니다. 마음챙김식의 관찰 작업으로, 불쾌한 감정은 길을 안내하는 등불이 될 수 있고, 자신은 물론 사회에도 통찰과 이해를 제공합니다.

비-수술적 방법

서양 의학은 수술을 너무 많이 강조합니다. 의사들은 달갑지 않은 것들을 그저 들어내려고만 하지요. 우리 몸에서 뭔가 정상적이지 않은 것이 발견되면, 의사들이 수술을 권하는 경우가 너무 잦습니다. 이는 정신치료의 경우에도 똑같이 사실인 듯 보입니다. 치료사들이 우리를 도울 때, 원치 않는 부분은 내던져 버리고 원하는 부분만을 간직하도록 하는 방식을 취하는 것이지요. 하지만 이런 식으로는 남아나는 것이 그리 많지 않을 듯합니다. 원하지 않는 것을 내쳐버리려 한다면, 아마도 자신의 대부분을 버려야 하는지도 모릅니다.

　자신의 일부분을 마치 얼마든지 버릴 수 있는 듯 행동하는 대신, 우리는 변용의 기술을 배워야 합니다. 예를 들면,

우리는 자신의 화를 좀 더 건강한 무엇인가로 변용시킬 수 있습니다. 가령 이해 같은 것으로 말이지요. 우리 안의 성냄을 제거하기 위한 수술은 필요치 않습니다. 우리가 화가 난 것에 대해 또 화를 낸다면, 이는 한꺼번에 두 배로 화를 내는 셈입니다. 여기서 적절한 것은 오직 지켜봄뿐입니다. 사랑과 관심으로 지켜보는 것이지요. 거기서 도망치려 하지 않고 이런 방식으로 화를 돌본다면, 거기에 스스로 변용이 일어납니다. 이것이 진정한 평화 만들기입니다. 스스로 평화롭다면, 성냄과도 평화롭게 지낼 수 있습니다. 똑같은 방법으로 우울, 불안, 두려움, 또는 그 어떤 불쾌한 감정도 적절히 다루는 것이 가능하지요.

감정의 변용

감정을 다루는 첫 번째 단계는 각각의 감정을 그것이 일어날 때 바로 알아차리는 것입니다. 이때 이를 해내는 도구가 마음챙김입니다. 예를 들어 두려움 같은 경우, 마음챙김을 써서 두려움을 바라보고, 아 이것은 두려움이구나 하고 알아차리는 식이지요. 자신에게서 두려움이 일어나고, 거의 동시에 마음챙김도 일어난다는 것을 압니다. 그 둘은 모두 당신 안에 있지만 서로 싸우지 않고, 한쪽이 다른 한쪽을 돌보는 관계입니다.

　　두 번째 단계로 그 감정과 하나가 됩니다. "저리 가버려, 두려움. 난 네가 싫어. 네가 나일 리가 없어." 이렇게 말하지 않습니다. 차라리 "안녕, 두려움. 어떻게 지내니?"라고 말하는 게 훨씬 더 효과적이지요. 그럼 자신의 두 가지 일면을 초대할 수 있습니다. 바로 마음챙김과 두려움이지요. 그리고 악수를 나누고는 하나가 되는 겁니다. 이렇게 하는 것이 무서울지는 모르겠으나, 자신이 두려움보다 더 큰 존재임을 알기에 걱정할 이유가 없습니다. 마음챙김이 거기 있는 한, 그것이 두려움을 돌볼 것입니다. 주의 깊은 호흡으로 마음챙김을 기르고, 그것을 계속 거기 있게 하며, 생생하고 굳건히 유지하는 것이 이 모든 것의 근본이 되는 수행입니다. 처음에는 마음챙김이 그다지 강력하지 않을 수 있습니다. 하지만 계속 그것을 길러낸다면 점차로 강해지겠지요. 지금 이 순간 마음챙김이 지속되는 한, 두려움에 빠져 허우적대는 일은 결코 일어나지 않습니다. 사실, 내면에 깨어 지켜보는 의식을 만들어내는 그 순간, 두려움의 변용은 시작됩니다.

세 번째 단계는 감정을 고요히 진정시키는 것입니다. 마음챙김이 두려움을 잘 다독거려 준 이후이므로, 그것을 진정시키는 일은 어렵지 않습니다. '들이쉬며, 몸과 마음의 활동을 진정시킨다.' 단지 감정과 함께 있음으로써 그것을 진정시킵니다. 마치 어머니가 우는 아이를 부드럽게 안아주듯 말이지요. 어머니의 부드러운 달램을 느끼면, 아이는 이내 울음을 멈추고 고요해질 터입니다. 여기서 어머니가 마음챙김입니다. 그것은 자신의 의식 깊은 곳에서 태어났으며, 고통스러운 느낌을 달래줍니다. 아이를 껴안을 때, 어머니는 아이와 하나가 됩니다. 이때 딴생각을 한다면, 아이는 결코 진정되지 않을 테지요. 다른 모든 것을 옆으로 치운 채 오직 한마음으로 자신의 아이를 안아주어야 합니다. 그러하니, 자신의 느낌을 피하지 마세요. "넌 중요하지 않아. 넌 단지 일개 감정일 뿐이야."라고 말해선 안 됩니다. 다가가서 그것과 하나가 되세요. 이렇게 말할 수 있습니다. "내쉬며, 나의 두려움을 진정시킨다."

네 번째 단계는 감정을 놓아주는 것입니다. 그냥 내려놓으세요. 고요하기에 편안한 느낌을 받을 터이고, 두려움의 한복판에서도 그것이 자신을 압도할 만큼 자라지는 않으리라는 점을 압니다. 자신의 두려움을 충분히 다룰 수 있음을 알면, 이미 그것은 최소한으로 쪼그라들고 부드러워져, 그다지 불쾌하지도 않게 되지요. 이제 그것을 향해 미소 지을 수 있고 놓아줄 수 있습니다. 하지만 부디 거기서 멈추지는 마세요. 달래고 놓아주는 것은 증상을 완화시키는 알약에 불과하니까요. 이제 당신은 더 깊이 들어가 두려움의 근원 자체를 변용시킬 기회를 잡았습니다.

다섯 번째 단계입니다. 더 깊이 들여다보는 것이지요. 두려움이라는 감정을 -마치 자신의 아이를 깊이 살피듯- 찬찬히 들여다봅니다. 거기 무엇이 잘못되었는지 봅니다. 아이가 이미 울음을 멈추었듯 두려움은 이미 지나갔지만, 대체 그 이유가 무엇이었는지 살피는 겁니다. 아이를 온종일 안아줄 수는 없는 노릇입니다. 그러니 아이의 내면을 유심히 살펴 무엇이 문제인지 알아야 하겠지요. 살펴봄으로써 알아차리게 되고, 그러면 감정을 변용시키는 데 도움이 됩니다. 이를테면, 아이의 고통에 내면적으로 그리고 외적으로 여러 가지 원인이 있음을 깨닫습니다. 아이 주위에 뭔가 잘못된 것이 있다면, 그리고 그것을 바로잡는다면, 상황을 부드럽게 보살핀다면, 아이는 좋아지겠지요. 내면을 살펴 아이를 울게 만든 요소들을 찾아낸 것만으로, 그 감정을 변용시키고 자유롭게 만들어주려면 무엇을 하지 말아야 하고 무엇을 해야 할지 알게 됩니다.

이것은 정신치료와 비슷한 과정입니다. 환자와 함께, 치료사는 고통의 본질을 찾습니다. 종종, 치료사는 고통의 원인이 환자의 관점이나 사고방식에 기인함을 알게 됩니다. 자기 자신, 문화적 배경, 그리고 세상에 대한 스스로의 믿음이 원인인 게지요. 치료사는 환자와 함께 이들 관점과 신념들을 하나하나 점검해나갑니다. 그렇게 함께 작업하여 그동안 환자 자신을 가두었던 일종의 감옥에서 벗어나게끔 돕는 것이지요. 하지만 여기에는 환자 자신의 노력이 필수불가결합니다. 스승이란 제자에게 내면의 스승이 태어나게끔 돕는 자이듯, 정신치료사란 환자의 내면에 정신치료사가 탄생하도록 돕는 사람입니다. 그렇게만 되면, 환자의 '내면의 정신치료사'가 24시간 내내 일을 할 수 있고 당연히 매우 효과적일 수밖에 없겠지요.

좋은 치료사라면 환자에게 단순히 또 다른 신념 보따리를 주는 방법으로 치료하지 않습니다. 스스로 자신의 어떤 생각과 믿음이 고통으로 이끌었는지 환자가 직접 목도하게끔 유도하려 노력합니다. 많은 환자들은 자신의 고통스런 감정들을 없애길 원하면서도, 그 원인이 되는 스스로의 신념과 관점을 바꾸려하지 않습니다. 그러므로 치료사는 환자가 만사를 있는 그대로 볼 수 있게끔 작업해야 합니다. 마음챙김으로 우리의 감정을 변용시킬 때에도 이는 똑같이 참입니다. 감정을 인식하면, 그것과 하나가 되고, 그것을 진정시키고, 그것을 놓아주고, 그 원인에 대해 깊이 들여다봅니다. 원인은 대개 부정확한 인식에 근거를 두는 경우가 많지요. 감정의 본성과 그 원인들에 대한 이해가 생김과 동시에, 그것들은 저절로 변용되기 시작합니다.

화에 대한 마음챙김

화는 즐겁지 않은 느낌입니다. 그것은 여기저기 옮겨 붙는 화염과 같아서 자제력을 태워버리고 우리로 하여금 나중에 후회할 말과 행동을 저지르게끔 하지요. 누군가 화가 나면, 그(녀)가 지금 틀림없이 지옥 한가운데 있음이 다른 사람들에게는 명확히 보이지요. 화와 증오는 지옥을 만드는 재료입니다. 화가 없는 마음은 멋지고, 신선하며, 온전하지요. 화의 부재는 진정한 행복의 기초입니다. 화가 없음이 사랑과 연민의 토대이지요.

화가 일어날 때 그것을 마음챙김이라는 등불로 비추면, 그 즉시 그 파괴적인 본성 중 일부가 사라집니다. 스스로 이렇게 말할 수 있지요. "들이쉬며, 내 안에 화가 있음을 안다.

내쉬며, 지금 내가 화 자체임을 안다." 호흡을 면밀히 따라가며 자신의 화를 식별하고 마음챙김으로 관찰하면, 그것이 우리의 의식을 지배하는 일은 결코 지속되지 않습니다.

자신의 화에 깨어 있는 의식을 마치 단짝 친구처럼 붙여놓을 수 있습니다. 화를 의식함은 그것을 억누르거나 쫓아내는 것이 아닙니다. 오히려 그것을 잘 돌본다는 의미이지요. 이것은 정말 중요한 원칙입니다. 마음챙김은 판단하고 단죄하라는 말이 아닙니다. 이는 마치 큰언니가 여동생을 돌보고 편케 해주듯 다정하게 배려하는 마음입니다. 이러한 마음챙김이 가능하도록, 그리고 자기 자신을 온전히 알기 위해 호흡에 집중하는 것이지요.

일단 화가 나면, 우리는 대개 온전한 자신으로 되돌아오려 하지 않습니다. 자신을 화나게 한 사람에 대해 계속 생각하길 고집하지요. 그 사람의 증오스러운 일면들 ―그가 얼마나 무례했는지, 얼마나 정직하지 못했는지, 얼마나 잔인했는지, 얼마나 악의적이었는지 등등― 에 대해 생각합니다. 그 사람에 대해 생각하면 할수록, 그가 말하는 걸 들으면 들을수록, 또는 쳐다보기만 해도, 화가 치밉니다. 그가 얼마나 부정직하고 가증스러운지에 대한 당신의 판단은 사실일 수도, 그냥 상상일 수도, 과장되었을 수도 있습니다. 하지만 정작 중요한 진실은 따로 있지요. 문제의 근원은 화 그 자체라는 사실, 그리고 무엇보다도 먼저 내면으로 의식을 돌려 살펴야 한다는 사실입니다. 우선, 화의 원인 제공자라고 여겨지는 사람을 보지 않거나 그(녀)의 말을 듣지 않을 수 있다면 가장 좋습니다. 마치 소방관처럼, 우선 번지는 불길에 물을 뿌리고, 화재 원인이 무엇인지 지체 없이 살펴야 합니다. '들이쉬며, 나는 내가 화를 냈음을 안다. 내쉬며, 화를 보살피는 데 모든 에너지를 쏟아야 함을 안다.' 이렇게 함으로써 화가 지속되는 동안 말이나 행동을 하지 않게끔 주의를 환기시키고, 상대방을 떠올리고 단죄함도 피할 수 있습니다. 마음을 온전히 화를 관찰함에 쏟는다면, 나중에 후회할 일은 생기지 않겠지요.

화를 내면, 자신이 바로 화입니다. 따라서 그것을 억누르거나 쫓아내는 행위는 자신을 억누르고 쫓아내는 셈이지요. 기쁠 때, 우리는 기쁨이 됩니다. 화낼 때, 우리가 화이지요. 자신 안에 화가 생겨날 때, 그것이 일종의 내면의 에너지임을 자각할 수 있습니다. 그럼 그 에너지를 다른 종류의 에너지로 변용시키기 위해 받아들이는 것이 가능해지지요. 퇴비통을 음식물 쓰레기로 채우면 거기에서 썩는 냄새가 나지만, 그 쓰레기가 나중에 아름다운 꽃들로 변함을 우리는 알고 있습니다. 언뜻, 퇴비와 꽃은 정반대에 있다 생각할는지 모르지만, 보다 깊이 들여다보면 꽃에는 이미 퇴비가 들어 있는 셈이지요. 꽃이 썩기까지는 보름이면 충분합니다. 능숙한 정원사라면 자신이 만든 퇴비를 바라보며 이러한 진실을 꿰뚫어보기에, 슬퍼하거나 역겨워하지 않습니다. 오히려 그 썩어가는 물질의 가치를 알기에 가벼이 여기는 법이 없지요. 퇴비가 꽃이 되기까지는 몇 달이면 충분합니다. 화를 다룰 때 우리에게 필요한 것은 정원사의 이러한 통찰과 불이(不二, non-dual)의 관점입니다. 그것을 두려워하거나 거부할 필요가 없지요. 우리는 화가 일종의 퇴비가 될 수 있음을 알며, 뭔가 아름다운 것으로 탈바꿈할 힘이 거기 숨겨져 있음을 압니다. 정원사에게 퇴비가 필요하듯, 우리에게는 화가 필요하지요. 자신의 화를 있는 그대로 받아들이는 법을 안다면, 그 즉시 이미 약간의 평화와 기쁨을 얻게 됩니다. 그리고 점진적으로 완벽한 화의 변용이 가능하지요. 그것은 평화, 사랑, 그리고 이해가 됩니다.

베개에 화풀이

화를 다룰 때, 그것을 솔직히 표현하는 것이 언제나 최선의 방법인 것은 아닙니다. 화를 표출하면서 우리는 일종의 리허설 또는 연습을 하는 셈이어서, 이로 인해 의식의 깊은 곳에서는 오히려 화를 강화시키는 경향이 있습니다. 또한 화를 내는 대상에 대놓고 직접 화를 표출한다면 이는 많은 손상을 야기할 수 있겠지요.

그래서 어떤 이들은 자신의 방으로 들어가 문을 잠그고는, 베개에 화풀이 하는 방식을 선호합니다. 그러면서 이를 '화와 화해하는 방법'이라고 부르지요. 하지만 제 생각에 이는 전혀 화와 화해하는 게 아닙니다. 사실 그것이 베개와 소통하는 방법이라고도 생각지 않습니다. 우리가 진실로 베개와 소통한다면, 그것의 쓰임새를 알기에 때리지는 않겠지요. 그럼에도 불구하고 이 방법은 일시적이나마 효과적일 수 있습니다. 베개를 내려치는 동안 많은 에너지를 쓰게 되고, 그렇게 어느 정도 지나면 결국 지치면서 기분이 나아지는 것이지요. 그러나 화의 뿌리는 건재한 채 남아 있고, 나가서 뭘 좀 먹고 나면 에너지도 다시 채워집니다. 화의 싹에 다시금 물이 뿌려지면, 그것은 다시 자라날 테고, 그럼 또 한 번 베개를 내려쳐야 할 겁니다.

베개에 화풀이하면 어느 정도 안도감을 줄 수 있지만, 딱히 지속적인 효과도 없습니다. 진정한 변용을 원한다면 화의 뿌리를 다루어야 합니다. 그 원인을 속으로 깊이 들여다보아야만 하지요. 그렇지 않으면 화의 싹은 다시 자랄 것입니다. 마음챙김의 삶을 통해, 새롭고 건전하고 온전한 씨앗을 심는다면, 그것이 우리의 화를 보살필 것이며, 따로 부탁하지 않아도 알아서 화를 변용시킬는지도 모릅니다.

마음챙김은 모든 것을 보살핍니다. 마치 햇빛이 모든 식물을 보살피듯 말이지요. 햇빛이 그리 많은 일을 하는 듯 보이지는 않습니다. 그냥 식물을 비출 뿐이지요. 하지만 햇빛은 모든 것을 변용시킵니다. 양귀비꽃은 어두워질 때마다 꽃잎을 닫습니다. 하지만 햇살이 한두 시간 비추면 다시 열립니다. 태양이 꽃에 스며들어 어느 시점에 이르면, 꽃은 저항할 수 없게 되는 것입니다. 열 수밖에 달리 도리가 없는 게지요. 똑같은 식으로, 지속적으로 실천한다면, 마음챙김은 성냄이라는 꽃 안에 일종의 변용을 일으킵니다. 그것은 스스로를 열고 우리에게 그 본성을 보여주지요. 화의 본성을 이해한다는 것은 그 뿌리를 이해하는 것입니다. 그럼 그것으로부터 자유로워집니다.

화났을 때의
걷기 명상

화가 올라오면, 밖으로 나가 걷기 명상을 하고 싶을 수 있습
니다. 신선한 공기, 푸른 나무와 풀들이 커다란 도움이 됩니
다. 이와 같이 연습할 수 있지요.

> 들이쉬며, 여기 화가 있음을 안다.
> 내쉬며, 화가 곧 나임을 안다.
> 들이쉬며, 화는 불쾌한 것임을 안다.
> 내쉬며, 이 느낌 또한 지나가리란 점을 안다.
> 들이쉬며, 고요해진다.
> 내쉬며, 이 화를 돌볼 수 있을 만큼 나는 충분히 강하다.

화로 인해 생긴 불쾌한 기분을 덜기 위해, 우리는 온 마음을 다해 걷기 명상에 매진합니다. 호흡과 발걸음의 리듬을 맞추고 발바닥과 대지 사이의 맞닿음에 온 주의를 기울이며 걷지요. 걸으며 이 경구를 읊조리고, 화를 정면으로 마주볼 수 있을 만큼 충분히 고요해질 때까지 기다립니다. 그때까지는, 호흡을 즐기고, 걷기를 즐기고, 주위 경관의 아름다움을 즐기면 그만입니다. 잠시 후, 화는 가라앉을 테고 그럼 더욱 강해진 기분을 느끼겠지요. 그때 화를 정면으로 마주하고 관찰을 시작할 수 있습니다. 그것을 이해해보려 노력합니다.

감자 요리

일체를 밝히는 의식의 불빛 덕분에, 한동안 마음챙김식의 관찰을 실천하고 나면, 이제 드디어 화의 주된 원인들을 온전히 바라보기 시작합니다. 명상은 대상을 깊이 바라보도록 도우며, 이로써 그 대상의 본질을 알아차립니다. 화를 깊이 들여다보면, 그 뿌리가 보입니다. 바로 오해, 아둔함, 불공정함, 억울함, 또는 조건화 같은 것들입니다. 이들 뿌리는 내면에도, 그리고 화를 촉발시킨 주요 당사자 안에도 있을 수 있습니다. 그것을 똑똑히 볼 수 있도록, 이해할 수 있도록 주의 깊게 관찰합니다. 봄과 이해는 사랑과 연민을 가져오는 해방의 요소입니다. 화의 뿌리를 보고 이해하기 위한 이러한 마음챙김식의 관찰 방법은 그 효과가 항구적이지요.

감자를 날 것으로 먹을 수는 없습니다. 하지만 그렇다고 날감자를 버리지도 않지요. 그것을 익히면 먹을 수 있음을 압니다. 냄비에 감자와 물을 채우고, 뚜껑을 닫은 후, 불 위에 올립니다. 이때 불이 마음챙김입니다. 의식적인 호흡과 함께 화에 초점을 맞추는 연습인 게지요. 뚜껑은 집중의 상징입니다. 열기가 밖으로 새어나가지 않도록 막기 때문이지요. 우리가 화를 찬찬히 들여다보며 숨을 들이쉬고 내쉬는 연습을 할 때, 거기 힘이 실리기 위해서는 어느 정도의 집중이 필요합니다. 그리하여, 마음을 산란케 하는 온갖 것들로부터 고개를 돌리고 당면한 문제에 초점을 맞추는 겁니다. 밖으로 나가 자연 속에 머물면, 나무와 꽃들과 어우러져 연습이 좀 더 쉬워집니다.

불 위에 냄비를 올리는 그 순간부터 변화는 일어납니다. 물이 데워지기 시작합니다. 10분 정도 지나면 끓기 시작하지요. 하지만 감자를 익히려면 이후로도 한동안 계속해서 불 위에 올려놓아야 합니다. 호흡과 화를 의식하는 연습을 할 때에도, 모종의 변용이 이미 시작부터 일어나고 있습니다. 30분이 지나 뚜껑을 엽니다. 그러면 냄새가 뭔가 달라졌음을 알아차릴 수 있지요. 이제 감자를 먹을 수 있음을 압니다. 화는 이제 어떤 다른 종류의 에너지로 변용을 마쳤습니다. 바로 이해와 연민이지요.

화의 뿌리

화의 뿌리는 자기 자신에 대한 몰이해, 그리고 이런 즐겁지 못한 상태를 야기하는 원인들에 대한 이해 부족에서 시작됩니다. 그것은 어중간한 깊이뿐 아니라 더 깊숙이 있기도 하지요. 또한 화는 욕망, 오만, 동요, 그리고 의심에 뿌리를 두기도 합니다. 우리가 내는 화의 주된 뿌리는 자신 안에 존재합니다. 주위 환경과 타인은 단지 부차적일 뿐이지요. 자연 재해, 가령 지진이나 홍수가 일어난 경우 그로 인한 피해는 엄청나지만 그것을 받아들이는 데 어려움을 느끼지는 않습니다. 하지만 피해가 다른 사람에 의해 야기된 경우라면, 그리 인내심을 보이지 않지요. 지진과 홍수에 원인이 있음을 알듯, 화를 촉발한 그 사람에게도 모종의 이유가 있음을 알아야만 합니다. 그 사람의 행위를 촉발하게 된 즉시적인, 또는 더 깊숙이 자리 잡은 원인이 있음을 말입니다.

예를 들어 누군가 우리에게 기분이 상할 만큼 심한 말을 합니다. 그런데 그 말을 한 사람은 바로 전날 다른 누군가에게 심한 말을 들었을지도 모르고, 어렸을 적 알코올 중독자 아버지에게 학대받았을 수도 있습니다. 이들 원인을 이해하고 보게 될 때, 우리는 화로부터 놓여나기 시작합니다. 누군가 우리를 사납게 공격했을 때 그를 훈육할 필요가 없다고 말하려는 것이 아닙니다. 단지 자신의 내면에 존재하는 부정성의 씨앗들을 우선적으로 돌보는 것이 가장 중요하다는 말씀을 드리고 싶은 것이지요. 그렇게 되면 누군가 도움이 필요하거나 훈육 받아야 하는 상황에 처했을 때, 보복적인 태도나 성냄 없이 자비심으로 그것을 해낼 수 있습니다. 타인의 고통을 이해하기 위해 진정으로 노력한다면, 우리는 그가 자신의 고통과 혼란을 극복할 수 있게끔 돕는 방향으로 행동할 가능성이 높아지지요. 이는 모두에게도 이로울 터입니다.

내적 형성

불교심리학에는 '내적 형성', '속박', 또는 '매듭'으로 번역될 수 있는 용어가 있습니다. 우리에게 감각 정보가 입력될 때, 그것을 어떻게 받아들이는가에 따라, 일종의 매듭이 우리 안에 만들어집니다. 누군가 불친절하게 말할 때, 만일 그 까닭을 이해하고 그(녀)의 말에 마음 쓰지 않는다면, 전혀 자극받지 않을 수 있습니다. 이런 때는 그 어떤 매듭도 만들어지지 않지요. 하지만 우리가 왜 그런 말을 들어야 하고 그런 대접을 받아야 했는지 이해하지 못하고 급기야 자극 받는다면, 내면에 매듭이 만들어집니다. 명료한 이해의 부재가 모든 매듭의 시작점인 게지요.

　　온전히 각성된 의식을 실천하면, 내적 형성이 만들어

지기 무섭게 그것을 눈치챌 수 있게 됩니다. 그리고 그것들을 변용시킬 방법을 찾게 되지요. 예를 들면, 어떤 모임에서 아내가 자기 남편이 잘난체하는 소리를 들었다고 해봅시다. 그녀는 속으로 남편에게 남을 존중하는 마음이 부족하다는 내적 형성을 느낍니다. 만일 돌아와서 이에 대해 남편과 이야기를 나눈다면, 함께 분명한 이해에 도달할는지도 모릅니다. 그리고 그녀의 내면에 맺혔던 매듭은 쉽게 풀어지겠지요. 내적 형성은 그것이 현현하자마자 온전한 주의를 기울일 필요가 있습니다. 그렇게 그것이 아직 미약할 동안 다루어야 변형 작업이 쉽지요.

매듭이 형성될 때 바로바로 풀어내지 않는다면, 그것들은 점점 단단하고 완고해질 것입니다. 우리의 의식, 추론하는 마음은 화, 두려움, 후회와 같은 부정적인 느낌들이 자기 자신이나 사회에 결코 온전히 받아들여질 수 없음을 알고 있습니다. 그래서 마음은 그것들을 억제하는 방법들을 찾고, 잊어버리기 위해 그것들을 의식의 한쪽 모퉁이로 치워버리지요. 고통을 회피하고 싶기에, 우리는 방어기제들을 창조해내고 이를 통해 이들 부정적 감정들의 존재를 부정합니다. 내면이 평화롭다는 인상을 주는 것이지요. 하지만 이들 내적 형성은 언제나 현현할 길을 찾아냅니다. 파괴적인 모습, 감정, 생각, 말, 또는 행동으로서 말이지요.

무의식적인 내적 형성을 다루는 데 있어, 가장 우선시해야 할 일은 그 실체를 의식할 방법을 찾는 것입니다. 마음챙김식의 주의 깊은 호흡 연습을 함으로써, 내면에 맺힌 어느 정도의 매듭에 접근이 가능합니다. 자신의 모습, 감정, 생각, 말, 그리고 행위를 의식해낼 때, 다음과 같이 자문할 수 있습니다. '그가 그렇게 말하는 것을 들을 때 어째서 불편하게 느꼈을까?' '어째서 그에게 그렇게 말했을까?' '어째서 저 여성을 보면 언제나 내 어머니를 생각할까?' '이 영화에서 저 캐릭터를 왜 좋아하지 않을까?' '과거에 그녀와 닮은 누구를 증오했었는가?' 이처럼 면밀히 관찰함으로써 안에 묻혀 있던 내적 형성들은 의식적 마음의 영역으로 점진적으로 떠오르게 됩니다.

앉아서 하는 명상 중에, 감각 정보가 들어오는 창과 문을 닫으면, 내면에 묻혀 있던 내적 형성들이 때때로 모습, 느낌, 생각 등의 형태로 스스로 드러납니다. 불안, 두려움, 또는 불쾌함 등 모종의 느낌을 알아채지만 그 원인을 도통 알 수 없는 게지요. 그래서 거기에 마음챙김의 빛을 쪼입니다. 그리고 이들 모습, 느낌, 또는 생각을 복잡하고 세세한 부분까지 완전히 바라볼 준비를 단단히 합니다. 그것이 자신의 얼굴을 드러내기 시작하면, 점차로 강대해지고 강렬해질 수도 있습니다. 너무나 강해서 자신의 평화와 기쁨과 편안함을 앗아갈 수도 있음을 알고 더는 그것과 마주하길 원하지 않게 될 수도 있습니다. 주의를 명상의 다른 주제로 옮기거나, 명상 자체를 그만하고 싶어질 수도 있지요. 졸음이 오거나 나중에 하고 싶다는 생각이 듭니다. 심리학에서는 이를 저항이라고 부릅니다. 내면에 숨겨진 아픈 느낌을 의식적인 마음에 드러내는 것을 우리는 두려워합니다. 고통스럽기 때문이지요. 하지만 호흡과 미소 연습을 어느 정도 해왔다면, 가만히 앉아 두려움을 지켜볼 능력이 내면에 개발되어 있습니다. 호흡을 놓치지 않고 계속 미소를 띠며, 이렇게 말할 수 있지요. "안녕, 두려움아. 다시 만났구나."

하루에도 몇 시간씩 앉아서 하는 명상을 하면서도 자신의 감정을 진심으로 대면한 적이 없는 사람들이 있습니다. 어떤 이들은 감정은 중요하지 않다 말하며, 형이상학적인 주제를 선호하지요. 명상에서 이들 다른 주제들이 중요하지 않다고 말하려는 것이 아닙니다. 단지 현실적인 문제들을 다룰 수 없다면, 명상이 그렇게까지 가치 있고 유용하다 말할 수 있겠는가, 라는 것이지요.

깨어 있는 방식으로 매 순간 살아가는 방법을 안다면, 지금 이 순간 속에서 자신의 느낌과 감각들에 무슨 일이 벌어지고 있는지 생생히 지켜볼 것입니다. 그리고 의식 안에 매듭이 만들어지거나 그것이 더 단단해지는 것을 허용치 않을 테지요. 또한 감정을 관찰하는 법을 안다면, 오랜 기간 지속되었던 내적 형성의 뿌리를 찾아내고 그것을 변형시킬 수 있습니다. 심지어 상당히 강대해진 것일지라도 말이지요.

함께하는 삶

타인과 함께 살며 서로의 행복을 지켜주려면, 함께 만들어낸 내적 형성을 변형시키기 위해 서로 협조해야만 합니다. 이해와 사랑으로 말하는 법을 연습하면, 서로 엄청난 도움을 줄 수 있지요. 행복은 더는 개인적인 문제가 아닙니다. 만일 상대방이 행복하지 않다면, 우리 또한 행복하지 못합니다. 상대방의 매듭을 변형시키는 일은 자신에게도 행복을 가져오지요. 아내가 남편의 내면에 내적 형성을 창조할 수 있고, 남편 또한 아내의 내면에 그렇게 할 수 있습니다. 그렇게 서로의 내면에 매듭을 만들어내길 계속한다면, 결국 어떤 행복도 남아 있지 않은 날이 오고야 말 테지요. 그렇기에, 어떤 매듭이 만들어지자마자, 가령 아내라면, 자신의 내면에 이제 막 매듭 하나가 만들어졌음을 알아차려야 합니다. 그것을 간과해서는 안 됩니다. 그것을 관찰하기 위해 충분한 시간을 들여야 하고, 남편의 도움을 받아 그것을 변형시켜야 하지요. 아내가 이렇게 말할 수 있습니다. "여보, 아무래도 우리 서로 얘기를 나눠보는 게 좋겠어요. 내 안에 어떤 갈등이 자라고 있어요." 아직 매듭이 많지 않아 남편과 아내의 마음 상태가 가벼울 때라면 이는 어렵지 않습니다.

　　모든 내적 형성의 근본 원인은 이해의 부족입니다. 어떤 매듭이 만들어지는 동안 벌어졌던 오해를 볼 수만 있다면, 그것을 풀어내는 일은 어렵지 않습니다. 마음챙김식의 지켜봄이란 어떤 대상의 원인과 그 본질을 알아차릴 수 있도록 깊이 관찰한다는 의미입니다. 이런 종류의 통찰에 있어 중요한 이점 중 하나가 바로 우리 안의 매듭을 풀어내는 것이지요.

여여함

불교에서 '여여함'이라는 용어는 '어떤 사물 또는 사람의 본질 또는 고유의 성질, 그 진정한 본성'을 의미할 때 쓰입니다. 모든 개인은 저마다의 여여함을 갖추고 있습니다. 어떤 이와 평화롭고 행복하게 살고 싶다면, 우리는 그 사람의 여여함을 보아야만 하지요. 일단 그것을 보면, 그(녀)를 이해하게 되고, 그럼 더는 문제가 생기지 않겠지요. 함께 평화롭고 행복하게 사는 것입니다.

우리는 난방과 조리를 위해 천연가스를 집으로 끌어다 씁니다. 이때 가스의 여여함을 잘 알고 있지요. 가스는 위험하다는 것을 압니다. 주의하지 않는다면 그것이 우리를 죽일 수도 있음을 알지요. 하지만 동시에 음식을 조리하기 위해서는 가스가 필요하다는 사실도 알고 있습니다. 그리하여, 주저 없이 그것을 집으로 끌어다 씁니다. 전기의 경우도 마찬가지입니다. 감전될 위험은 상존하지만, 주의한다면 아무 문제 없이 그것을 유용하게 쓸 수 있습니다. 바로 전기의 여여함에 대해 어느 정도 알기 때문이지요. 이제 개인의 경우에도 똑같이 적용됩니다. 어떤 개인의 여여함을 충분히 알지 못하면, 문제가 일어날 수 있습니다. 하지만 잘 알고 있다면, 서로 매우 즐겁게 지내며, 그 관계 안에서 서로 유익을 얻게 됩니다. 열쇠는 그 사람의 여여함을 아는 것입니다. 누군가에게 항상 꽂이길 기대하는 사람은 없습니다. 우리는 그의 쓰레기 같은 일면도 이해해야만 합니다.

손 안을 들여다보라

제게는 예술가인 친구 한 명이 있습니다. 40년 전 베트남을 떠날 때, 친구의 어머니는 그의 손을 잡고 말씀하셨지요. "엄마가 그리울 때마다 손 안을 들여다보렴. 그럼 그 즉시 엄마를 볼 수 있단다." 간단하면서도 진심어린 말씀에 담긴 통찰력이 얼마나 대단한지!

지난 세월 동안, 친구는 자신의 손바닥을 수없이 들여다보았습니다. 친구 어머니의 임재는 비단 유전적인 면으로만 말하는 것이 아닙니다. 그녀의 정신, 그녀의 희망, 그리고 그녀의 인생 또한 친구의 내면에 함께합니다. 친구가 자신의 손바닥을 들여다볼 때, 그는 자신에 앞선 수천 세대와 자신의 뒤를 이을 수천 세대를 볼 수 있지요, 시간의 축을 따라 가지를 뻗는 진화의 나무 안에 존재하는 자신을 볼 뿐 아니라, 상호 의존하는 관계의 망 속에 존재하는 자신을 발견하게 되는 것입니다. 자신은 한 번도 외롭다 느낀 적이 없노라 친구는 말합니다.

작년 여름 제 조카딸이 방문했을 때, 저도 제안을 했습니다. "손 안을 들여다보렴." 명상의 주제로 던진 것이지요. 그리고 모든 조약돌 하나, 잎사귀 하나, 나비 한 마리까지 일체가 그 손 안에 현존한다고 얘기해주었습니다.

부모

제가 어머니를 떠올릴 때면, 언제나 사랑이라는 개념이 함께 올라옵니다. 어머니의 목소리에 담긴 그 달콤하고 부드러운 어조에 사랑이라는 천연 재료가 들어가지 않았을 리는 없으니까요. 어머니께서 돌아가시던 날, 저는 일기에 이렇게 적었습니다. "방금 내 인생에서 가장 커다란 비극이 일어났다." 어른이 되어 어머니와 떨어져 살았음에도, 저는 마치 어린 고아가 되어 버려진 듯한 느낌이었습니다.

   서구 사회의 많은 친구들은 자신의 부모에 대해 이와 같은 식으로 느끼지 않는다는 것을 압니다. 부모가 자신의 자녀에게 너무나 많은 상처를 주어 자식의 내면에 수많은 고통의 씨앗을 심은 얘기들을 수없이 들었지요. 하지만 그 부모에

게 그런 씨앗을 심으려는 의도는 없었으리라 믿습니다. 자녀
들에게 일부러 그런 고통을 준 것은 아니었을 테지요. 어쩌면
그들도 자신의 부모로부터 같은 종류의 씨앗들을 물려받았
을는지 모릅니다. 씨앗의 대물림이 계속되어, 그들의 아버지
어머니는 또 그 할아버지 할머니로부터 씨앗을 물려받았던
것이지요. 우리들 대부분은 사려 깊지 못한 삶의 일종의 희생
양입니다. 하지만 마음챙김식 삶의 연습과 명상 수행을 통해
이와 같은 종류의 고통을 멈추고, 슬픔이 우리 자녀와 손자
손녀에게 전달되는 것을 막을 수 있습니다. 자녀에게, 친구에
게, 또는 그 누구에게든 이런 고통의 씨앗이 전달됨을 허용치
말아야 합니다. 그렇게 순환 고리를 끊어낼 수 있습니다.

플럼 빌리지에서 수행하는 열네 살 먹은 한 소년이 제
게 이런 이야기를 해주었습니다. 자신이 열한 살 때까지, 그
는 자기 아버지에게 매우 화가 나 있었답니다. 자신이 넘어지
거나 다칠 때마다, 아버지가 고함을 질러댔다는 거지요. 소년
은 자기가 어른이 되면 절대 그렇게 하지 않으리라 맹세했습
니다. 그런데 작년에 그의 어린 누이동생이 다른 아이들과 놀
다가 그네에서 떨어져 무릎에 상처가 났습니다. 피가 흘렀고,
소년은 매우 화가 났습니다. "바보 녀석 같으니! 도대체 왜 그
러니?"라고 누이에게 소리치려는 마음이 순간적으로 불쑥 올
라왔습니다. 하지만 그 순간 소년은 자신을 자제했습니다. 그
동안 호흡과 마음챙김을 실천해왔기에, 순간 자신의 화를 알
아차릴 수 있었고, 화가 행동으로 옮겨지는 일은 벌어지지 않

았지요.

　　주위 어른들이 동생의 상처를 씻고 밴드를 붙여 잘 돌봐주었습니다. 그래서 소년은 자신의 화에 대해 관조하고 호흡 연습을 하며 천천히 돌아왔습니다. 그런데 문득 자신이 아버지와 정확히 똑같았음을 보았습니다. 저에게 이렇게 말했습니다. "내 안의 화에 대해 뭔가 하지 않았더라면, 분명 내 자식에게도 그것을 전달했으리라는 점을 깨달았어요." 동시에, 그는 또 다른 무엇인가를 보았습니다. 어쩌면 그의 아버지도 자신과 같은 희생양이었을지도 모른다고 느낀 것이지요. 아버지의 화의 씨앗은 그의 조부로부터 물려받았을는지 모릅니다. 이것은 이제 겨우 열네 살밖에 안 된 소년으로서는 괄목할 만한 통찰이었습니다. 소년이 마음챙김을 실천한 덕분에 그런 식으로 볼 수 있었던 것이지요. "내 안의 화를 다른 무엇인가로 변형시키기 위해 연습을 계속해야겠다고 다짐했어요." 그리고 수개월 후, 소년의 화는 사라져버렸습니다. 그러고는 그 수행의 열매를 아버지에게도 줄 수 있었지요. 예전에는 아버지에 대해 화가 나고는 했지만, 이제 아버지를 이해할 수 있다고 말씀을 드린 것입니다. 그리고 아버지 안의 화의 씨앗도 변형시키기 위해, 함께 연습해 보고 싶다고 말씀드렸습니다. 우리는 보통 부모가 자식을 양육해야 한다고 생각하지만, 때로는 자식이 부모에게 깨달음을 주고 그들의 변형을 도울 수 있습니다.

　　우리 부모님을 연민을 갖고 바라볼 때, 종종 그들이 마음챙김 수련의 기회를 가져본 적도 없는 희생양이었을 뿐임을 알게 됩니다. 내면의 고통을 변형시킬 방법조차 몰랐던 것이지요. 하지만 우리가 부모님을 자비의 눈으로 본다면, 기쁨과 평화, 그리고 용서를 드릴 수 있습니다. 사실, 깊이 들여다보면, 자신이 부모님과의 모든 동일시를 없애는 일은 불가능함을 발견하지요.

목욕이나 샤워를 하며 자신의 몸을 찬찬히 살펴보면, 그것이 부모로부터, 또 그 위의 부모로부터 전해져온 선물임을 알게 됩니다. 몸의 각 부위를 씻으며, 육체의 본성에 대해, 그리고 생명의 본성에 대해 명상하며 이렇게 자문해 볼 수 있습니다. '이 몸은 누구의 것인가? 이 몸을 누가 나에게 주었는가? 주어진 것은 과연 무엇인가?' 이런 식으로 명상하면, 거기에 세 개의 요소가 있음을 발견합니다. 주는 자, 선물, 그리고 받는 자입니다. 주는 자는 우리 부모님이지요. 우리는 부모님과 그 선조들의 연속체입니다. 선물은 우리 몸 자체입니다. 받는 자는 자신이지요. 이에 대해 명상을 계속해나가다 보면, 주는 자, 선물, 그리고 받는 자는 모두 하나임을 압니다. 셋 모두 우리 몸 안에 현존합니다. 지금 이 순간에 깊이 몰입할 때, 과거의 선조들과 미래의 자손들이 모두 우리 안에 현존함을 압니다. 이를 목격할 때 -자신을 위해, 조상들을 위해, 그리고 자식과 그 자식들을 위해- 무엇을 해야 할지, 그리고 무엇을 하지 말아야 할지 앎이 생기지요.

건강한 씨앗 가꾸기

의식은 두 가지 수준으로 존재합니다. 씨앗으로서 그리고 그 씨앗의 현현으로서이지요. 우리 안에 화의 씨앗이 있다고 해 봅시다. 조건이 맞으면 그것은 어떤 에너지의 영역으로 현현 하고, 우리는 그것을 화라고 부릅니다. 그것은 불타오르며, 많 은 고통을 주지요. 화의 씨앗이 현현하는 와중에 즐겁게 있기 란 매우 어렵습니다.

어떤 씨앗이 스스로 현현하는 매 순간, 그것은 같은 종 류의 새로운 씨앗을 만들어냅니다. 5분 동안 화를 냈다면, 그 5분이라는 시간 동안 화의 새로운 씨앗들이 만들어져 자신의 무의식적 마음이라는 토양에 뿌려진 것입니다. 이것이야말로 어째서 우리가 어떤 삶을 살지, 또 어떤 감정을 보일지 신중하게 선택해야만 하는 이유입니다. 미소 지을 때, 미소와 기쁨의 씨앗들이 뿌려져 또 다음에 피어날 준비를 합니다. 그것들이 계속 현현하는 한, 미소와 기쁨의 씨앗들은 계속해서 심어지지요. 그러나 만일 수년 간 미소를 실천하지 않는다면, 씨앗은 약해질 터이고, 더는 웃을 수 없게 되는지도 모릅니다.

우리 안에는 많은 종류의 씨앗이 있습니다. 어떤 것은 좋고 어떤 것은 나쁘지요. 어떤 것은 일생에 걸쳐 심어지고, 또 어떤 것은 부모로부터, 조상들로부터, 그리고 사회로부터 전해 받습니다. 옥수수 한 알에도 이전 세대로부터 전해진 지식이 들어 있습니다. 어떻게 싹을 틔우고 어떻게 잎을, 꽃을, 그리고 옥수수 알을 만들어내는지에 대한 지식 말입니다. 우리 몸과 마음 또한 선대로부터 전해진 지식을 갖습니다. 우리의 조상과 부모들은 기쁨, 평화, 그리고 행복의 씨앗도 주었지만, 동시에 슬픔, 화 등의 씨앗도 함께 주었지요.

마음챙김하는 삶을 실천할 때마다, 우리는 새로운 건강한 씨앗을 심고, 내면에 이미 존재하는 건강한 씨앗들을 강하게 만들어갑니다. 건강한 씨앗들은 항체와 비슷하게 기능하지요. 혈관 속에 바이러스가 들어오면, 몸이 반응하여 항체가 그것을 감싸버립니다. 그것을 보살피고 변형시키는 게지요. 이는 우리의 심리학적 씨앗의 경우도 마찬가지로 사실입니다. 온전한, 치유하는, 생기를 주는 씨앗을 심으면, 그것이 부정적인 씨앗을 잘 돌봅니다. 일부러 부탁하지 않아도 말이지요. 성공하려면, 생기를 주는 씨앗들이 충분하도록 가꿀 필요가 있습니다.

어느 날 절친한 친구 한 명을 잃었습니다. 제가 사는 마을에 계신 분입니다. 그는 프랑스 사람으로 플럼 빌리지를 만들어가는 데 있어 대단한 도움을 주었던 분이었습니다. 밤새 심장발작으로 숨졌던 것이지요. 그분이 돌아가신 다음날 아침 그가 돌아가셨다는 소식을 듣게 되었습니다. 그는 너무나 자비로운 사람이었고, 단 몇 분만 함께 해도 우리에게 많은 기쁨을 주었습니다. 우리는 그가 마치 기쁨과 평화 그 자체인 듯 느꼈지요. 그의 죽음을 알게 된 아침, 그와 더는 함께할 수 없다는 사실에 모두가 매우 슬퍼하였습니다.

그날 밤, 저는 잠을 이룰 수 없었습니다. 그와 같은 친구를 잃는 것은 너무나 큰 고통이었지요. 하지만 다음날 강의를 진행해야만 했기에 잠을 자야만 했습니다. 그래서 호흡수행을 했지요. 추운 겨울밤이었고, 저는 침대에 누워 제 오두막 뜰에 있는 아름다운 나무들을 시각화하였습니다. 몇 년 전, 제가 세 그루의 아름다운 삼나무를 심었습니다. 히말라야 산 품종이었지요. 이제 그 나무들은 매우 커졌고, 걷기 명상을 할 때면, 그 앞에 멈춰 이들 아름다운 삼나무들을 껴안고는 했습니다. 물론 들이쉼과 내쉼을 놓치지 않은 채 말이지요. 확신하건데, 삼나무들은 제가 껴안을 때마다 언제나 화답해주었습니다. 하여간 침대에 누운 채 호흡에 집중하며, 호흡과 삼나무가 되어보았습니다. 훨씬 기분이 나아졌지만, 여전히 잠은 오지 않았습니다. 마지막으로 작은 대나무라는 이름을 가진, 언제나 기쁨에 넘치는 베트남 아이를 의식에 떠올렸지요. 그 여자아이는 두 살 때 플럼 빌리지로 왔습니다. 너무나 귀여워서 모두가 한번 안아보고 싶어 안달이었지요. 특히 아이들이 더욱 좋아했습니다. 작은 대나무가 걸어 다니도록 그냥 둔 적이 없었습니다! 이제 아이는 여섯 살이 되었고, 껴안아 주면 너무나 신선하고 경이로운 느낌을 받지요. 해서 아이를 제 의식으로 초대하였습니다. 아이의 모습을 보며 호흡과 미소 수행을 했지요. 불과 잠깐 사이에, 편히 잠들었습니다.

힘든 상황 중에 자신을 돕기 충분할 만큼 아름답고 건강하고 힘센 씨앗을 잘 보관해둘 필요가 있습니다. 때로 내면에 고통의 벽이 너무나 거대해서, 바로 앞에 한 송이 꽃이 피어 있음에도 그것을 만질 수조차 없습니다. 그러한 순간, 우리에게는 도움이 필요하지요. 만약 내면에 건강한 씨앗들을 보관하는 튼튼한 창고를 갖는다면, 필요할 때마다 그것들을 초대해서 도움을 받을 수 있습니다. 당신에게 매우 가까운 친구가 있다면, 늘 당신을 이해해주고, 가까이 앉으면 아무 말 없어도 기분이 좋아지는 그런 친구가 있다면, 의식 속에서 그 친구의 모습을 떠올리는 것도 좋습니다. '두 명'의 당신이 '함께 호흡'할 수 있는 게지요. 단순히 이렇게 하는 것만으로도 어려운 순간 커다란 도움이 됩니다.

그런데 당신이 그 친구를 오랜 시간 보지 못했다면, 의식 속에 떠올리기에 그(녀)의 모습이 너무 약할 수도 있습니다. 만일 그(녀)가 자신의 균형을 다시 잡아줄 유일한 사람이라면,

그리고 그(녀)의 이미지가 이미 너무 약해져 있다면, 할 일은 하나뿐입니다. 표를 끊고 친구에게 가는 것이지요. 그래서 그(녀)가 씨앗이 아닌 실제 사람으로서 당신과 함께하는 것입니다.

　만약 그(녀)에게 간다면 시간을 어떻게 잘 쓸지 생각해야 합니다. 함께하는 시간은 한정되어 있을 테니까요. 도착해서 친구 가까이 앉으면, 즉시 더 힘이 나는 느낌을 받을 것입니다. 하지만 곧 집으로 돌아가야만 함을 알기에, 거기 있는 동안 소중한 매 순간을 온전한 각성 속에 있는 연습 기회로 삼아야 할 것입니다. 친구는 자신의 내면에서 균형이 다시 잡히게끔 도울 수 있지만, 그것으로는 충분치 않습니다. 스스로 내면으로부터 강해져야만 합니다. 다시 혼자가 되었을 때 괜찮다고 느끼기 위해서 말이지요. 그렇기 때문에 그(녀)와 함께 앉았을 때, 그(녀)와 함께 걸을 때, 마음챙김 연습이 필요한 것입니다. 만일 그렇게까지 하지 않으면, 즉 그(녀)의 현존을 단지 고통을 개선시킬 목적에만 쓴다면, 집에 돌아왔을 때 그(녀)의 이미지가 지속될 만큼 충분히 강해지지 않을 것입니다. 우리에게는 마음챙김 연습이 언제나 필요합니다. 그것을 통해 치유하고 재충전하는 씨앗을 내면에 심을 수 있으니까요. 그럼 필요할 때, 그것들이 자신을 돌봐줄 것입니다.

온전한 것은 무엇?

종종 묻습니다. "뭐가 문제야?" 그렇게 말함으로써, 뼈아픈 슬픔의 씨앗을 불러들이고 그것이 싹트게끔 하는 셈이지요. 고통, 화, 그리고 우울함을 느끼며, 다시금 더 많은 그러한 씨앗들을 생산해냅니다. 내면에 그리고 주위에 건강하고 신나는 씨앗들과 함께 머무르려 한다면 훨씬 더 행복할 텐데 말이지요. 이렇게 묻는 법을 배워야만 합니다. "뭐가 온전하지?" 그리고 그 말과 함께하십시오. 세상에는, 그리고 우리 몸, 느낌, 지각, 의식 안에는 온전하고, 생기를 주고, 치유하는 수많은 요소들이 있습니다. 그런 것들로부터 자신을 스스로 막는다면, 슬픔의 감옥에 자발적으로 머무른다면, 이들 치유하는 요소들과 함께할 수 없습니다.

삶은 수많은 경이로운 것들로 가득합니다. 푸른 하늘, 햇살, 아기의 눈동자 같은 것들 말입니다. 예를 들어 호흡은 매우 즐거운 일이 될 수 있습니다. 저는 숨 쉬는 것만으로도 매일이 즐겁습니다. 하지만 많은 사람들은 천식이 있거나 코가 막혔을 때만 호흡의 즐거움을 알아차리지요. 호흡을 즐기기 위해 천식이 생길 때까지 기다릴 필요는 없습니다. 행복의 소중한 요소들에 대해 생생히 의식하는 것은 자체로 올바른 마음챙김의 실천입니다. 이와 같은 요소들은 우리 안에 그리고 주위에 온통 널려 있지요. 삶의 매 순간 그것들을 즐길 수 있습니다. 그렇게 하면, 평화, 기쁨, 그리고 행복의 씨앗들이 내면에 심어지고, 또한 점점 강해집니다. 행복의 비밀은 행복 그 자체입니다. 어디에서든, 언제라도, 햇살을 즐기고, 서로의 현존을 즐기고, 호흡의 경이로움을 즐길 능력이 우리에게 있습니다. 그렇게 하기 위해 어디론가 여행을 떠날 필요는 없습니다. 지금 이 순간 바로 이 자리에서 가능합니다.

비난은 백해무익

심었던 상추가 잘 자라지 않는다고 상추를 비난하는 사람은 없습니다. 다만 잘 자라지 않는 이유가 무엇일지 살필 뿐이지요. 비료가 필요할지, 물을 더 주어야 할지, 아니면 햇빛을 덜 쏘여야 할지 살핍니다. 결코 상추를 비난하는 법은 없지요. 그런데 친구들과 또는 가족과 문제가 생기면, 그들을 비난합니다. 그렇게 하는 대신 그들을 어떻게 잘 보살필 수 있는지 알아낸다면, 그들도 상추처럼 잘 자라날 터인데 말입니다. 비난에는 긍정적인 효과가 전혀 없습니다. 추론과 논쟁을 통해 설득하려 애쓰는 경우에도 긍정적인 효과를 기대하기 힘들지요. 제 경험상으로는 그렇습니다. 비난도, 추론도, 논쟁도 소용이 없고, 오직 이해만이 효과를 발휘합니다. 우선 이해하고, 상대방에게 그를 이해하고 있음을 보여주면, 당신은 사랑할 수 있게 되고, 따라서 상황도 변할 것입니다.

　　어느 날 파리에서, 상추를 비난하지 말자는 비유로 강의를 했습니다. 강의가 끝난 뒤 걷기 명상을 하고 있었는데, 한 건물의 모퉁이를 돌자마자 여덟 살짜리 여자아이가 엄마에게 말하는 소리가 들렸습니다. "엄마, 저에게 물을 잘 주어야 하는 걸 기억하세요. 저는 엄마의 상추예요." 아이가 요점을 완벽하게 이해하고 있음을 알고 저는 너무나 기뻤습니다. 이어서 아이의 어머니가 대답하는 소리가 들렸지요. "그래 우리 딸, 그런데 엄마 또한 네가 기르는 상추란다. 엄마한테 물 주는 것도 잊지 말렴." 어머니와 딸이 함께 수행하는군요. 정말이지 너무나 아름다웠습니다.

이해

사랑과 이해는 둘이 아닙니다. 그냥 하나이지요. 당신 아들이 어느 날 아침 일어나보니 이미 많이 늦었다는 걸 알았다고 해 봅시다. 그는 늦은 김에 어린 여동생을 깨우기로 마음먹었습니다. 학교에 가기 전 아침 먹을 시간을 충분히 갖게 하려는 의도였지요. 그런데 마침 누이동생이 투덜대는 성격이라 "깨워줘서 고마워."라고 말하는 대신, "닥치라고! 그냥 놔두란 말이야!"라며 발로 오빠를 찹니다. 아마도 그는 화가 나서는 생각하겠지요. '내가 자기를 위해 부드럽게 깨웠건만, 도대체 왜 날 발로 차는 거야?' 아들은 부엌으로 와서 당신에게 상황에 대해 하소연 하든지, 아니면 동생을 발로 차 되갚아 줄 수도 있었습니다.

하지만 바로 그 순간 그는 간밤에 동생이 기침을 많이 한 게 기억났습니다. 그리고 동생이 어디가 아픈 게 틀림없다고 생각합니다. 감기에 걸려서 그런 식으로 까칠하게 굴었을지도 모릅니다. 그 순간, 그에게 상황에 대한 이해가 일어났고, 그는 이제 더 이상 화내지 않습니다. 이해하면, 사랑할 밖에 달리 도리가 없습니다. 화가 날 수가 없지요. 이해심을 키우기 위해, 모든 살아 있는 존재를 자비의 눈으로 바라보는 연습을 해야 합니다. 이해하면, 오직 사랑뿐입니다. 오직 사랑뿐일 때, 자연스럽게 다른 존재의 고통을 덜어주려는 쪽으로 행동하게 되지요.

진정한 사랑

우리는 사랑하고픈 사람을 진정으로 이해할 필요가 있습니다. 사랑이 단지 소유하고자 하는 욕망뿐이라면, 그것은 사랑이 아니지요. 자기 자신만을 생각할 때, 자신의 욕구만 알고 다른 이들의 필요는 무시할 때, 사랑은 불가능합니다. 사랑하는 이의 필요와 염원과 고통을 살피고 이해하기 위해서는 깊이 바라보아야만 하지요. 이것이 진정한 사랑의 토대입니다. 타인을 진정으로 이해한다면 사랑하지 않고는 못 배기지요.

　　때때로 사랑하는 이 곁에 앉아, 손을 잡고 물어보십시오. "내 사랑, 내가 당신을 충분히 이해하고 있는지? 혹시 당신을 힘들게 하는 건 없는지? 당신을 더 온전히 사랑할 수 있도록 문제가 있으면 말해 줘. 당신을 힘들게 하고 싶지 않지만, 만일 내 무지함으로 그런 일이 일어난다면, 얘기해주길 부탁해. 그래야 당신을 더 잘 사랑할 수 있을 터이고, 그래야 당신이 행복할 수 있을 테니까." 이해하려는 진심어린 열린 마음을 갖는다면 그것이 목소리에 담길 터이고, 그런 목소리로 말한다면, 상대방은 울 수도 있어요. 이는 아주 좋은 징조입니다. 이해의 문이 열리고 이제 다시 모든 것이 가능해졌다는 의미이니까요.

어떤 아버지는 시간이 없어서 또는 용기가 없어서 아들에게 그렇게 말하지 못합니다. 그럼 둘 사이의 사랑은 가득 찰 수 없지요. 이런 말을 할 수 있는 용기가 필요합니다. 때때로 이렇게 물어보지 않는다면, 사랑하면 사랑할수록 상대방을 망가뜨리게 될 수도 있습니다. 진정한 사랑은 이해를 필요로 합니다. 이해가 함께할 때, 당신이 사랑하는 상대방은 활짝 피어나지요.

자비 명상

사랑이란 타인에게 평화, 기쁨, 그리고 행복을 가져오는 마음입니다. 자비는 타인의 고통을 없애려는 마음이지요. 우리 모두는 마음속에 사랑과 자비의 씨앗을 갖고 있습니다. 그리고 이들 멋지고 경이로운 에너지의 원천을 개발할 수 있지요. 어떤 대가도 바라지 않는, 조건 없는 사랑을 함양할 수 있고, 그리하면 불안과 슬픔에 빠지는 법이 없습니다.

사랑과 자비의 핵심은 이해입니다. 타인의 육체적, 물질적, 정신적 고통을 알아차리는 능력, 자신이 타인의 '껍질 속으로' 들어갈 수 있는 능력입니다. 그들의 몸, 감정, 정신적 구성 '안으로 들어갑니다.' 그렇게 해서 그들의 고통을 몸소 체험하는 것이지요. 그 고통을 알기 위해서 바깥에서 얕게 관찰하는 것만으로는 충분치 않습니다. 관찰 대상과 하나가 되어보아야만 합니다. 타인의 고통에 직접 닿아볼 때, 진짜 자비라는 감정이 내면에 솟아납니다. 자비란 말 그대로, '고통을 함께한다(com-passion)'라는 의미이지요.

육체적 또는 물질적 고통을 겪는 이, 약하거나 쉽게 병이 걸리는 이, 가난하거나 억압받는 이, 또는 어떤 보호도 받지 못하는 이. 우선 이런 사람들을 명상의 대상으로 삼는 것에서 시작합니다. 이런 종류의 고통은 알아차리기도 쉽습니다. 그런 다음, 보다 미묘한 형태의 고통을 다루는 연습으로 넘어갈 수 있지요. 때로 전혀 고통 받고 있지 않은 듯 보이지만, 보다 은밀한 형태로 흔적을 남기는 슬픔을 간직하고 있음이 밝혀지는 사람들도 있습니다. 충분함 그 이상의 물질적 풍요를 누리는 사람들 또한 고통을 겪을 수 있습니다. 자비 명상의 대상으로 삼은 사람에 대해 우리는 보다 깊이 살펴야 합니다. 명상 중일 때든 실제로 그 사람과 함께 했을 때든 동일하게 말이지요. 그의 고통을 진정으로 깊이 이해할 수 있을 만큼 충분한 시간을 들여야 합니다. 자비심이 솟아나고 그것이 존재에 사무칠 때까지 계속해서 그 사람을 살핍니다.

이런 식으로 깊이 살필 때, 명상의 열매는 자연스레 모종의 행동으로 옮겨갑니다. '그를 너무나 사랑해.'라고 말만 하기보다, '그의 고통을 덜기 위해 내가 뭔가 해야겠어.'라는 쪽으로 가게 되는 것이지요. 타인의 고통을 없애는 데 실제로 효과적일 때라야 비로소 자비심의 진정한 현현이라 할 수 있습니다. 자비를 표현하고 함양하는 방법을 찾아내야만 하지요. 타인을 만났을 때, 그가 받아들이기 쉽지 않은 말과 행동을 보일지라도, 우리의 생각과 행동은 자비심을 표현하는 것이어야 합니다. 자신의 사랑이, 상대방이 사랑스러운지 여부에 더는 좌우되지 않는다는 사실이 분명해질 때까지 이런 식으로 연습합니다. 그렇게 된다면 자신의 자비심이 확고하고 고유하다는 것을 알 수 있겠지요. 여기까지 다다르면 스스로 편안해짐을 느낍니다. 동시에 명상의 대상이었던 사람도 결국 유익을 얻게 됩니다. 그의 고통은 천천히 사라질 것이며, 그의 인생은 점진적으로 밝아지고 좀 더 즐거운 것으로 바뀔 것입니다. 그것이 자비의 결과이지요.

자신을 고통스럽게 만든 장본인의 고통에 대해 명상을 할 수도 있습니다. 고통을 야기했던 사람 자신도 고통 받는다는 것은 의심의 여지가 없습니다. 단지 호흡을 따라가며 깊이 들여다보면 그가 고통 받고 있음을 자연스럽게 알 수 있지요. 그의 어려움과 슬픔의 적어도 일부는 어렸을 적 부모의 미숙함으로 인한 것일 수 있습니다. 하지만 부모 또한 그 위의 부모의 희생양일 수 있지요. 고통이 대를 이어 전해지고 급기야 그 사람에게서 다시 태어난 셈이지요. 이를 알면, 우리를 고통스럽게 만든 일로 그를 비난하는 것이 더는 불가능합니다. 그 또한 희생양이니 말입니다. 깊이 들여다본다는 말은 이해한다는 말과 동의어입니다. 그가 못되게 행동한 이유를 이해하면, 그를 향한 우리의 쓸쓸함은 사라지고, 오히려 그가 조금이라도 덜 고통 받기를 열망하게 되지요. 가볍고 홀가분한 기분을 느끼며, 이제 웃을 수 있게 됩니다. 화해를 위해 실제로 그와 대면해야 할 필요도 없습니다. 깊이 살피면, 실은 우리가 우리 자신과 화해하는 것이며, 그렇게 되면 자신의 내면의 문제가 사라질 테니까요. 얼마 지나지 않아 그도 우리의 태도가 변했음을 알아차릴 테고, 그렇게 되면 가슴에서 자연스럽게 흘러나오는 신선한 사랑의 샘물을 함께 나누게 될 것입니다.

사랑 명상

사랑하는 마음은 자신과 타인 모두에게 평화, 기쁨, 행복을 가져옵니다. 마음챙김하는 주의 깊은 관찰이 이해라는 나무를 길러내는 요소이고, 그 나무에 피는 세상에서 가장 아름다운 꽃이 자비와 사랑입니다. 사랑하는 마음을 깨달았다면, 마음챙김 관찰의 대상이었던 사람에게로 즉시 가야 합니다. 자신의 사랑하는 마음이 상상 속의 대상이 아니고, 세상에서 실제로 효과를 발휘하는 에너지의 근원임을 확인하기 위해서입니다.

　그저 고요히 앉아 사랑이 마치 소리나 빛의 파동처럼 사방으로 퍼져나가는 것을 시각화하는 것만이 사랑 명상이 아닙니다. 소리와 빛은 모든 것을 투과하는 능력이 있고, 이는 사랑과 자비 또한 동일합니다. 하지만 우리의 사랑이 오직 상상의 산물이라면, 실제적인 효과를 갖기는 어려워 보입니다. 그것을 일상의 한가운데, 그리고 타인과의 실제적인 관계 안에서 시험해 보아야 합니다. 그 마음이 과연 실제로 작동하는지, 그리고 얼마나 안정적인지 확인해 보는 것이지요. 만약 사랑이 진짜라면, 일상에서 자연스레 증명될 것입니다. 우리가 세상과 사람들과 관계 맺는 방식에서 드러날 테지요.

　　사랑의 근원은 내면 깊숙이 자리 잡고 있습니다. 그리고 그 누구든 이미 엄청난 행복을 가지고 있음을 깨닫도록 다른 이들을 돕습니다. 말 한마디, 행동 하나, 또는 한 생각만으로 타인의 고통을 덜고 기쁨을 가져다 줄 수 있습니다. 말 한마디로 편안함과 확신을 줄 수 있고, 의심을 날려버리고, 실수를 피하게 돕고, 분쟁을 중재하고, 해방의 문을 활짝 열 수 있지요. 행동 하나로 생명을 구하거나 다시없을 기회를 잡게 도울 수 있습니다. 한 생각만으로도 동일한 것을 할 수 있는데, 생각은 언제나 말과 행동으로 이어지기 때문이지요. 사랑이 가슴속에 있다면, 모든 생각, 모든 말, 모든 행위는 일종의 기적을 불러옵니다. 이해가 사랑의 직접적인 토대이기에, 사랑에서 나온 말과 행동은 언제나 유용할 수밖에 없습니다.

허깅 명상

허깅은 아름다운 서양의 관습입니다. 그리고 저 같은 동양에서 온 친구들이 이제 거기에 의식적인 호흡 연습을 추가해 기여하고 싶군요. 어린아이를 안아줄 때, 아니면 어머니를, 또는 남편을, 또는 친구를 허깅할 때, 들이쉬고 내쉼을 세 번만 추가한다면, 당신의 행복감이 적어도 열 배로 불어날 것입니다.

　산만해져서 딴생각을 하고 있다면, 당신의 허그 또한 산만할 것이고, 그럼 깊은 맛이 없고 그리 즐겁지 않을 수도 있지요. 그러니 자녀를, 친구를, 배우자를 허그할 때, 이렇게 하기를 추천드립니다. 우선 의식적으로 주의 깊게 첫 호흡을 하고 지금 이 순간으로 돌아옵니다. 그러고는 양팔로 그(녀)를 안아주는 동안 주의 깊게 세 번 호흡합니다. 그럼 그 어느 때보다 즐거운 허깅을 경험할 겁니다.

콜로라도에서 열린 정신치료사들을 위한 명상 수련회에서 허깅 명상을 연습한 적이 있었습니다. 한 참가자가 필라델피아의 집으로 돌아가면서, 공항에 마중 나온 아내를 이제껏 한번도 해보지 않았던 방식으로 허깅했습니다. 이를 경험한 아내는 시카고에서 열린 다음 수련회에 바로 참가하게 되었답니다.

이런 방식의 허깅이 편안해지기까지는 시간이 걸립니다. 조금 허전하다 느껴진다면, 가령 친구를 허깅할 때 그의 등을 토닥거려주는 것도 좋습니다. 그렇게 함으로써 자신이 진정으로 거기 현존함을 증명할 수도 있지요. 하지만 거기 진정으로 현존하기 위해, 실은 호흡만으로도 충분합니다. 그것만으로도 별안간 친구가 완벽하게 현실이 되지요. 그 순간 두 명의 당신이 현존하는 겁니다. 그것이 인생에서 최고의 순간일 수도 있습니다.

어린 딸이 방문을 열고 들어와 당신 앞에 나타났다고 해봅시다. 그때 당신이 거기 진정으로 존재하지 않으면 -과거를 생각하고 있거나, 미래를 걱정 중이거나, 화나 두려움에 사로잡혀 있다면- 아이는, 비록 눈앞에 서 있지만, 당신에게 있어서는 존재하지 않는 것이나 다름없습니다. 딸은 마치 유령과 같고, 당신 또한 유령 같지요. 딸과 함께하고자 한다면, 지금 이 순간으로 돌아와야만 합니다. 의식적으로 호흡하고, 몸과 마음을 일치시키고, 다시 실재하는 개인으로 자신을 돌

려야 하지요. 실재하는 개인으로 돌아왔을 때, 딸 또한 실재
하게 됩니다. 딸이란 어떤 경이로운 현현이며, 바로 그 순간
삶과의 진정한 조우가 가능해지는 게지요. 딸아이를 안아주
며 호흡한다면, 당신이 더없이 사랑하는 그 존재의 소중함에
눈을 뜨게 됩니다. 삶의 소중함은 덤이지요.

친구에게 투자하십시오

은행에 돈이 아무리 많아도, 너무나 어처구니없이 죽을 수 있는 게 사람입니다. 그러하니 친구에게 투자하십시오. 그런 저런 친구 말고 진정한 친구를 만들고, 친구들과의 작은 모임을 만드세요. 그것이 안전에 관한 한 훨씬 좋은 투자입니다. 힘든 시기에 기댈 수 있고, 찾아가 만날 수 있는 누군가를 갖게 되는 것이지요.

　　친구란 기운을 북돋고 치유하는 요소들을 내면뿐 아니라 주위에도 만들어 늘 가까이 하게 하는 존재입니다. 타인의 사랑이 담긴 지지는 언제나 고맙기 그지없지요. 좋은 친구 모임을 갖게 된다면, 정말 운이 좋다고 할 수 있습니다. 좋은 모임을 만들어내려면, 우선 자신부터 모임에서 부끄럽지 않은 일원이 되도록 바꾸어야만 합니다. 그런 다음에야, 다른 사람들에게 다가가 그(녀)가 모임의 일원이 되게끔 도울 수 있는 것이겠지요. 친구라는 관계망은 그런 식으로 만들어나가는 것입니다. 친구들과 그 모임은 일종의 투자라고, 그리고 가장 중요한 자산이라고 생각해야 합니다. 그들은 어려울 때 우리를 돕고, 편안케 해줄 수 있습니다. 또한 기쁘고 행복한 일이 있을 때 함께 나눌 수도 있지요.

손자 손녀를 품에 안는 것은
커다란 기쁨입니다

노인들이 자녀나 손자 손녀들과 떨어져 살면 매우 슬퍼하는 것을 당신도 알 것입니다. 이는 서양의 풍습에서 제가 좋아하지 않는 것들 중 하나이지요. 우리나라(베트남)에서는 나이 많은 사람들이 젊은이들과 같이 살 권리가 있습니다. 아이들에게 옛날이야기를 들려주는 것은 할머니, 할아버지의 몫이지요. 늙으면 피부가 주름지고 차가워져서, 손자 손녀를 품에 안는 것이 대단한 즐거움이 됩니다. 정말 따스하고 부드럽지요. 나이가 들면 손자 손녀를 안아주는 것이 가장 큰 소원이 되곤 합니다. 밤낮으로 그리워하고, 딸이나 며느리가 임신했다는 소식을 들으면 너무나 행복해합니다. 요즘은 나이가 들면 자신과 같은 또래의 사람들만 있는 요양원 같은 곳으로 가야만 하지요. 겨우 일주일에 한 번 정도 짤막한 방문이 이루어지고, 그런 방문이 있은 뒤에는 더 슬픈 느낌이 듭니다. 노인과 젊은이들이 다시 함께 살 수 있는 방법을 모색해 봐야 합니다. 그럼 우리 모두가 정말 행복할 것입니다.

마음챙김의
생활 공동체

좋은 공동체의 기초는 기쁘고 행복한 일상입니다. 플럼 빌리지에서는, 관심의 중심에 아이들이 있습니다. 어른들 각자 아이들이 행복하도록 도울 책임을 집니다. 아이들이 행복하다면 어른들이 행복해지는 것은 어렵지 않다는 사실을 잘 알기 때문이지요.

　　제가 어렸을 시절에는 집집마다 대가족이었습니다. 부모님, 사촌, 삼촌, 고모, 손자와 손녀, 그리고 자녀들이 모두 함께 살았습니다. 집들이 나무들에 둘러싸여 있어 어디든 해먹을 걸고 소풍을 즐길 수 있었지요. 그 시절, 사람들은 오늘날 같은 문젯거리가 그다지 많지 않았습니다. 이제는 가족이 정말 작아져서, 달랑 엄마, 아빠, 그리고 한두 명의 자식뿐이지요. 부모에게 문제가 생기면, 가족 전체가 그 영향을 느낍니다. 아이가 화장실로 숨어 아무리 벗어나려 해도, 그 무거운 분위기는 어찌 해볼 도리가 없지요. 아이 내면에 고통의 씨앗이 자라 여간해서는 진정으로 행복해질 수 없을는지도 모릅니다. 예전에는, 엄마 아빠에게 문제가 생기면, 아이들은 고모나 삼촌네 아니면 다른 친척 집으로 피신할 수가 있었습니다. 필요할 때 의지할 수 있는 누군가가 언제나 있었고, 따라서 분위기가 심하게 위협적인 경우가 없었습니다.

일종의 '고모, 삼촌, 그리고 사촌들'로 만들어진 관계망을 언제든 쓸 수 있는 마음챙김의 생활 공동체가 예전의 대가족 제도를 대체할 수 있을는지도 모른다고 생각합니다. 주위의 경관 하나하나, 종소리, 그리고 심지어 건물들조차 깨어 있는 의식을 상기시키는 그런 장소에 우리들 각자 '소속될' 필요가 있습니다. 정기적으로 수련회가 열리는 아름다운 명상센터가 있어, 개개인과 가족들이 거기서 마음챙김의 생활 기술을 배우고 익히는 상상을 하고는 하지요. 거기서 생활하는 사람들은 평화와 신선함을 내뿜을 것입니다. 그것이 깨어 있는 삶의 열매이니까요. 그들은 마치 아름다운 나무 같을 것이고, 방문자들은 와서 그 그늘 아래 앉고 싶어 할 테지요. 실제로 방문할 수 없을 때조차, 그에 대해 떠올리고 미소 지음만으로 평화롭고 행복해짐을 느끼게 될 겁니다.

가족들만으로도 조화로움과 깨어 있는 의식을 갈고 닦는 공동체로 변모시킬 수 있습니다. 함께 앉고, 함께 마음챙김 속에 차를 마시며, 호흡과 미소 명상을 할 수 있지요. 종을 가지고 있다면, 그 또한 공동체의 일부입니다. 그것이 수행을 돕기 때문이지요. 명상 쿠션을 갖고 있다면, 그 또한 공동체의 일부입니다. 다른 많은 것들이 마음챙김 수행을 돕습니다. 가령 호흡하기 위한 공기 같은 것도 있지요. 공원이나 강변 근처에 살고 있다면, 거기서 걷기 명상을 즐길 수도 있습니다. 이런 모든 노력을 통해 우리는 가정에 명상 공동체를 세울 수 있습니다. 가끔 친구를 초대해 함께할 수도 있지요. 공동체를 만들면 마음챙김 수련은 훨씬 쉬워집니다.

마음챙김은
실천적이어야 한다

제가 베트남에 있을 때, 너무나 많은 마을들이 폭격을 당했습니다. 사원의 형제자매님들과 더불어, 저는 어떻게 할지 결정해야만 했지요. 사원 안에서 수행을 계속 이어나가야 하는가, 아니면 폭격 속에 신음하는 사람들을 돕기 위해 명상 홀을 나서야 하는가? 고심 끝에, 저희는 둘 다 하기로 결정했습니다. 나가서 사람들을 돕되, 철저히 마음챙김 속에서 그것을 실행하는 것으로 말이지요. 우리는 그것을 참여불교라고 불렀습니다. 마음챙김은 실천적이어야 합니다. 앎이 생기면, 행동이 뒤따라야만 하지요. 그렇지 않다면, 도대체 앎이 어디에 쓸모가 있겠습니까?

　세상의 실제 문제들에 우리는 귀 기울여야 합니다. 그

럼 마음챙김을 통해, 도움이 되려면 무엇을 해야 하고 또 무엇을 하지 말아야 하는지 알게 될 것입니다. 우리가 호흡에 의식을 유지하고 미소 수행을 계속한다면, 어려운 상황 속일지라도, 수많은 사람들, 동물들, 그리고 식물들이 이러한 우리의 행동 방식으로부터 이로움을 얻겠지요. 자신의 발이 어머니 대지에 닿을 때마다 그녀를 어루만지고 있으십니까? 이 순간 기쁨과 평화의 씨앗을 심고 있습니까? 저는 발걸음마다 분명 그러하도록 애씁니다. 그럼 어머니 대지가 너무나 좋아한다는 것을 알지요. 평화는 모든 발걸음에 있습니다. 그럼 우리의 여정을 계속해 볼까요?

걸음마다 평화

Peace is every step

03

인터빙(Interbeing)

당신이 시인이라면, 지금 보는 종이 안에 들어 있는 구름을 분명히 볼 수 있을 것입니다. 구름이 없다면 비도 내리지 않습니다. 비가 내리지 않는다면, 나무가 자랄 수 없지요. 그리고 나무가 없다면, 종이를 만들 수 없습니다. 종이가 존재하려면 구름이 반드시 필요합니다. 구름이 여기 없다면, 종이한 장도 여기 있을 수 없지요. 그러므로 한 장의 종이와 구름은 서로 얽혀 존재한다(inter-are)고 말할 수 있습니다. '인터빙(Interbeing)'은 사전에 없는 단어이지만, 접두사 'inter-' 와 동사 'to be'를 합치면 우리는 새로운 동사 inter-be를 만들 수 있습니다.

이 한 장의 종이를 더욱 깊이 살펴보면, 햇빛도 들어

있음을 볼 수 있습니다. 햇빛이 없다면, 숲은 자랄 수 없지요. 사실, 햇빛이 없으면 그 무엇도 자랄 수 없습니다. 그렇기에 한 장의 종이 안에 햇빛 또한 들어 있음을 압니다. 종이와 햇빛이 서로 얽혀 존재(inter-are)합니다. 계속해서 살펴보면, 나무를 종이로 변형시키기 위해 그것을 잘라 제재소로 운반한 벌목꾼도 볼 수 있군요. 아, 그리고 밀도 있습니다. 매일 빵을 먹을 수 없다면 벌목꾼은 존재할 수 없지요. 따라서 그가 먹는 빵이 될 밀 또한 종이에 들어 있습니다. 벌목꾼의 부모님도 그 안에 들어가겠군요. 이런 식으로 계속 들여다보면, 그 모든 것들이 없이는 단 한 장의 종이도 존재할 수 없음을 압니다.

　이보다 더 깊이 보면, 우리들 자신도 그 종이 한 장에 들어 있음을 알 수 있습니다. 이를 알아차리는 것은 어려운 일이 아닙니다. 종이 한 장을 바라볼 때, 그것은 우리 지각의 일부이니까요. 당신의 마음은 이곳에 있고, 저의 마음 또한 그렇습니다. 그러하니 일체 모든 것이 이 한 장의 종이와 함께 여기에 있다고 말할 수 있습니다. 여기 있지 않다 짚어낼 수 있는 것은 하나도 없지요. 시간, 공간, 대지, 비, 땅 속의 미네랄, 햇빛, 구름, 강, 열기. 만물이 이 한 장의 종이와 함께 존재합니다(co-exists). 바로 이 점이 제가 인터빙이라는 단어가 사전에 등재되어야 한다고 생각하는 이유입니다. '존재함(To be)' 자체가 곧 '상호 의존적으로 있음(inter-be)'입니다. 우리는 결코 스스로 홀로 존재할 수 없습니다. 우리는 우리를 제외한 다른 모든 것과 상호의존적으로 있습니다(inter-be). 이 한 장의 종이가 존재합니다. 다른 모든 것이 존재함으로.

　　이제 이 모든 요소들 중 하나를 그 근원으로 억지로 돌려보낸다 해보지요. 가령 햇살을 태양으로 돌려보냈다고 칩시다. 이 겨우 한 장의 종이인들 존재할 수 있을까요? 불가능합니다. 햇빛 없이 그 어떤 것도 있을 수 없지요. 다시, 벌목꾼을 그의 어머니에게로 돌려보낸다고 합시다. 그 경우에도 우리는 종이 한 장조차 가질 수 없습니다. 이 종이 한 장은 오직 '종이-아닌' 요소들로 이루어졌다는 것이 진실이지요. 그래서 만약 이들 종이-아닌 요소들을 그 근원으로 돌려보내면, 종이는 있을 수 없다는 얘기입니다. 종이-아닌 요소들, 가령 마음, 벌목꾼, 햇빛 등등이 없이, 종이는 없습니다. 이 얇디얇은 종잇조각에 일체가, 우주가 들어 있군요.

꽃과 쓰레기

오염된 또는 완전무결한. 더러운 또는 순수한. 이는 오직 마음이 만들어낸 개념일 뿐입니다. 방금 꺾어 꽃병에 담은 아름다운 장미꽃은 순수합니다. 너무나 향기롭고, 너무나 신선하지요. 쓰레기통은 그 반대입니다. 끔찍한 냄새가 나고, 썩어가는 것들로 가득하지요.

그러나 그것은 오직 피상적으로 보았을 때만 그러합니다. 불과 5~6일 뒤면, 장미도 쓰레기의 일부가 됨을 조금만 더 생각해 보면 알 수 있지요. 이를 알기 위해 며칠을 기다릴 필요도 없습니다. 단지 장미를 관찰해보면, 그것을 깊이 살피면, 바로 알 수 있지요. 또한 쓰레기통을 보면, 몇 달 뒤에 그 내용물들이 멋진 채소가, 심지어 장미도 될 수 있음을 압니다. 당신이 능숙한 원예사라면, 장미를 볼 때 거기서 쓰레기를 볼 수 있고, 쓰레기를 보며 거기서 장미를 볼 수 있습니다. 장미와 쓰레기는 상호 의존적으로 존재합니다(inter-are). 장미가 없다면 쓰레기도 없습니다. 쓰레기 없이, 장미를 얻을 수도 없지요. 그것들은 서로를 간절히 필요로 합니다. 장미와 쓰레기는 같습니다. 쓰레기는 장미와 똑같이 소중하지요. 더러움과 순수함이라는 개념을 깊이 살핀다면, 결국 상호의존적(interbeing)이라는 점에 절로 고개를 끄덕일 수밖에 없지요.

마닐라 시에는 수많은 어린 매춘부들이 존재합니다. 심지어 열넷, 열다섯밖에 안 된 소녀들이지요. 그들은 너무나 불행합니다. 스스로 매춘부가 되길 원한 것은 아니지만, 가족이 궁핍하니 일자리를 찾아 도시로 갔던 것입니다. 가서 노점상이라도 해서 돈을 벌어 가족을 부양하고자 했던 것이지요. 물론 이는 비단 마닐라에서만 일어나는 일이 아닙니다. 베트남의 호치민, 뉴욕, 그리고 파리에서도 똑같은 일이 벌어집니다. 도시에서 불과 몇 주만 지나면 이 나약한 소녀들은, 자신과 일하면 노점상을 하는 것보다 100배는 더 벌 수 있다는 약삭빠른 누군가에게 설득당해 버리지요. 너무 어린 데다 인생에 대해 아는 것도 많지도 않으니, 제안을 받아들여 매춘부가 됩니다. 그 순간부터, 자신이 순수하지 못하고 더럽다는 느낌이 소녀들을 따라다니고, 그것은 커다란 고통을 야기합니다. 좋은 가정에서 태어나 예쁘게 차려입은 다른 소녀가 지나갈 때, 그것을 바라보자면 그녀들의 마음속에는 울컥하는 감정이 솟아나지요. 더럽혀졌다는 그 느낌이 들 때가 바야흐로 그녀의 지옥이 되는 순간입니다.

하지만 그녀가 스스로를 깊이 돌아보아 그 모든 상황을 전체로서 볼 수 있다면, 다른 사람들이 있는 그대로 여여한 자신이듯, 자기도 다만 그러할 뿐인 자신임을 알게 됩니다. 평범하고 '착한 소녀'인들, 가령 좋은 가정에 속했다 해서, 그것을 자랑스러워 할 수 있겠습니까? '좋은 가정'에서 사는 방식은 다만 그러할 뿐이고, 매춘부의 삶 또한 다만 그러할 뿐입니다. 깨끗한 손을 가진 자, 그 누구도 없습니다. 책임이 없다고 주장할 수 있는 자, 그 누구도 없지요. 마닐라 길거리의 소녀 매춘부가 있는 그대로 그러한 이유는 우리가 다만 있는 그대로 그러하기 때문입니다. 소녀 매춘부의 삶을 깊이 들여다보며, 거기서 모든 '매춘부–아닌' 삶을 봅니다. 또한 매춘부–아님과 우리 삶의 방식을 바라보며, 거기서 매춘부를 봅니다. 각각의 모든 것이 다른 모든 것의 창조를 돕습니다.

가난과 부유함에 대해 한번 생각해봅시다. 윤택한 사회와 결핍된 사회는 상호 의존적으로 존재합니다(inter-are). 어떤 사회의 부는 다른 사회의 가난으로 만들어집니다. "이것이 이와 같기에, 저것이 저와 같다." 부유함은 부–아님의 요소들로 이루어지고, 가난은 가난–아님의 요소들로 만들어집니다. 이는 앞에서 얘기한 한 장의 종이의 경우와 정확히 똑같습니다. 바로 그렇기에 우리는 스스로 개념(concepts)의 노예가 되지 않도록 주의해야만 합니다. 진실로, 모든 것은 다른 모든 것을 포함합니다. 오직 홀로 존재할 수 없습니다. 오직 상호 의존적인 존재(inter-be)만이 가능합니다. 자신 주위에 일어나는 모든 일은 자신의 책임입니다.

상호의존적 존재(interbeing)의 시야를 갖출 때만이, 그 어린 소녀는 자신의 고통에서 해방됩니다. 오직 그런 다음에라야 비로소 그녀 자신이 온 세상의 짐을 지고 있음을 이해하게 됩니다. 그것 말고 어떤 것을 그녀에게 줄 수 있겠습니까? 우리 자신을 깊이 보면, 그녀가 보이고, 그럼 그녀의 고통과 온 세상의 고통을 함께 나눌 것입니다. 그때서야 비로소 진정한 도움이 될 테지요.

평화의 가치

지구가 우리 몸이라면, 곳곳에서 고통 받고 있음을 느낄 수 있을 터입니다. 너무나 많은 곳에서 벌어지는 전쟁, 정치 · 경제적 억압, 기근, 그리고 공해로 인한 재앙들. 매일 같이 어린이들이 영양실조로 시각장애인이 됩니다. 고사리 같은 손으로, 한 줌의 먹을거리라도 구하기 위해 쓰레기 더미를 절망적으로 뒤집니다. 어른들은 폭력에 맞섰던 죄로 감옥에서 서서히 죽어갑니다. 강들이 죽어가고, 대기는 숨쉬기 점점 힘들어집니다. 비록 초강대국 양쪽이 조금 더 친해졌다고는 하지만(1990년 기준), 지구를 수십 번은 파괴할 수 있는 양의 핵무기를 여전히 보유하고 있지요.

많은 사람들이 세상의 고통에 대해 자각하고 있습니

다. 그들의 가슴은 연민으로 가득하지요. 자신이 어떤 일을 해야 할지 알고 있으며, 상황을 변화시키기 위해 정치, 사회, 환경운동에 참여합니다. 하지만 만일 그러한 활동가로서의 삶을 지속할 만한 힘이 부족하다면, 한동안의 열정적인 참여 후에, 결국 좌절할는지도 모릅니다. 진정한 힘은 권력, 돈, 무기에 있는 것이 아닙니다. 그것은 깊은 내적 평화에 있습니다.

일상에서 매 순간 마음챙김을 실천한다면, 우리는 스스로 평화를 기를 수 있습니다. 명료함, 단호함, 그리고 인내 −명상의 열매들입니다− 를 갖추고, 행동하는 삶을 지속하는 진정한 평화의 도구가 될 수 있습니다. 저는 그동안, 다양한 종교적 문화적 배경을 가진 사람들의 내면에서 이러한 평화를 보았습니다. 그들은 자신의 시간과 에너지를 약자를 보호하고, 사회정의를 위해 분투하고, 빈부 격차를 줄이고, 무기 경쟁을 멈추고, 차별에 맞서 싸우는 데 씁니다. 온 세상에 걸쳐 사랑과 이해의 나무에 물을 주고 있는 것이지요.

둘이 아님

무엇인가에 대한 이해를 원한다면, 단순히 그 바깥에 서서 보기만 해서는 부족합니다. 진정한 이해는 그 안으로 깊이 들어가 그것과 하나가 되어야 가능합니다. 어떤 사람을 이해하고 싶다면, 그의 감정을 느끼고, 그의 고통을 겪고, 그의 기쁨을 즐겨야만 하지요. '이해(comprehend)'라는 단어에는 라틴어 어근 cum이 붙는데, 이는 '함께'라는 뜻이고, prehendere는 무엇인가를 '쥐다. 또는 집어 들다.'라는 의미입니다. 따라서 무엇인가를 이해함은 그것을 집어 들어 그것과 하나가 된다는 뜻입니다. 무엇인가를 이해함에 있어 이것 외에 달리 방법은 없습니다. 불교에서는 이런 종류의 이해를 '불이(non-duality)'라고 합니다. 둘이 아니라는 거지요.

15년 전, 베트남 전쟁 고아들을 위한 위원회를 도운 적이 있습니다. 베트남에서 사회활동가가 서류를 보냅니다. 어떤 어린아이의 조그만 사진이 한쪽 구석에 붙어 있는 종이 한 장입니다. 이름, 나이, 그 고아의 상태가 적혀 있지요. 저의 일은 그것을 베트남어에서 불어로 번역하는 것이었습니다. 후견인을 찾아 아이를 먹이고, 학교에서 쓸 책을 구하고, 이모나 삼촌, 할아버지에게 보낼 수 있도록 하는 것이지요. 그럼 프랑스에 있는 위원회가 아이를 돌볼 수 있도록 친척에게 돈을 보내줍니다.

매일 대략 서른 개의 서류를 번역하였습니다. 저는 다음과 같은 방식으로 일을 했습니다. 우선 아이의 사진을 바라봅니다. 서류 내용을 읽는 게 아니라, 단지 충분한 시간을 들여 아이의 사진을 바라보는 것이지요. 아이와 하나가 되는 데는 대개 30~40초면 충분했습니다. 그런 다음에야 비로소 펜을 들고 서류 내용을 다른 종이에 번역해서 적고는 했습니다. 서류를 번역한 사람이 제가 아니었음을 나중에서야 깨달았습니다. 그것은 그 아이와 나, 둘이 하나가 되어 한 것이었습니다. 아이의 얼굴을 보고 거기서 영감을 얻어, 제가 아이가 되고 아이는 제가 되어, 함께 번역을 한 것이지요. 그것은 매우 자연스러웠습니다. 이를 위해 많은 명상 수행이 필요한 것도 아닙니다. 단지 쳐다보고, 스스로 존재하기를 허용하면, 자신은 아이 속으로 녹아 없어지고, 아이 또한 당신 안으로 들어오지요.

전쟁의 상흔 치유하기

베트남을 생각할 때, 그때 만일 미국이 불이적 관점을 가졌었더라면, 양국 모두에 그렇게나 많은 파괴가 일어나지는 않았을 터입니다. 전쟁은 미국인과 베트남인들 모두에게 여전히 상처를 주고 있습니다. 만일 충분히 주의 깊다면, 지금도 여전히 베트남 전쟁으로부터 교훈을 얻을 수 있지요.

작년에 미국에서 베트남 참전용사들과 멋진 수련회를 가졌습니다. 그것은 꽤나 힘든 수련회였는데, 왜냐면 우리 중 많은 사람들이 아직도 고통에서 자유롭지 못했기 때문이었지요. 한 신사가 제게, 자신이 베트남에서 복무할 때, 어느 한 전투에서 단 하루 동안 417명의 전우를 잃었다고 얘기했습니다. 한 번의 전투로 417명의 젊은이가 죽은 것입니다. 그리고 그는 그날 이후 15년이 넘는 세월 동안 그 짐을 짊어지고 살아온 게지요. 또 다른 사람은 어떤 마을에서 아무런 화나 복수심 없이 아이들을 죽인 일을 고백하며, 그 순간 이후 자신의 평화는 모두 사라졌다고 말했습니다. 그날 이후 다시는 아이들과 독대할 수 없었다고 합니다. 수많은 사연의 고통들이 있었고, 그것들로 인해 고통 없는 세상과의 연결은 끊어진 상태였습니다.

　　우리는 각자 서로를 챙기며 수련회를 진행해야만 했습니다. 한 병사는 수련회에서, 15년 만에 처음 사람들 속에서 안전하다 느낀다고 말했습니다. 15년 동안, 그는 단단한 음식을 쉽게 삼킬 수 없었다고 합니다. 오직 약간의 과일과 주스만 먹을 수 있었습니다. 완전히 단절되어, 소통할 수가 없었습니다. 하지만 사나흘 간의 연습 끝에, 그는 드디어 마음을 열고 사람들과 얘기를 나누기 시작했지요. 이런 사람이 다시 소통할 수 있게 도우려면 상당한 연민과 친절이 필요합니다. 수련회 기간 동안 우리는 마음챙김 호흡과 미소를 연습하며, 피난처가 되어주는 내면의 꽃으로, 나무로, 푸른 하늘로 되돌아갈 수 있게끔 서로를 격려하였습니다.

　　우리는 침묵 속의 아침 식사 시간도 가졌습니다. 제가 어릴 적 쿠키를 먹었던 바로 그 방식으로 아침 식사를 했지요. 매사를 그런 방식으로 했습니다. 걸을 때 대지와 교감하기 위해 마음챙김하며 걸음을 떼고, 대기와 교감하기 위해 의식적으로 호흡하며, 차와 진정으로 공감하기 위해 마시는 차를 깊이 들여다보았지요. 함께 앉고, 함께 숨쉬고, 함께 걸으며, 베트남에서의 경험에서 교훈을 얻으려 노력했습니다.

상호의존적 존재로 보는 관점이 필요합니다. 우리는 각자가 서로에게 속해 있지요. 현실을 조각내는 것은 불가능합니다. '이것'의 풍요는 곧 '저것'의 풍요입니다. 그러므로 우리는 힘을 합쳐 일해야 합니다. 모든 편이 '우리 편'입니다. 악의 편이란 존재하지 않습니다. 참전용사들은 마치 촛불이 되어 평화로 가는 길과 전쟁의 뿌리를 밝히는 것 같은 경험을 했지요.

태양은 나의 심장

만일 심장이 더 이상 뛰지 않는다면, 우리 생명의 흐름도 멈
춘다는 사실을 모두가 압니다. 그렇기에 심장을 돌보는 것에
노력을 아끼지 않지요. 그런데 우리 몸 바깥에도 생존에 필수
적인 것이 있다는 사실을 종종 잊어버립니다. 우리가 태양이
라고 부르는 엄청난 빛을 보세요. 만일 그것이 빛나길 멈춘다
면, 생명의 흐름 또한 멈출 것입니다. 그러니 태양은 우리의
두 번째 심장이고, 우리 몸 밖의 심장인 셈이지요. 이 거대한
'심장'은 지구상 모든 생명에게 그 존재에 필수적인 온기를
줍니다. 식물이 살아가는 것은 태양 덕분입니다. 잎사귀에서
태양의 에너지를 흡수하고, 거기에 대기의 이산화탄소를 더
해 나무와 꽃과 플랑크톤이 자신들이 살아갈 음식을 생산합

니다. 그리고 식물 덕분에, 우리와 다른 동물들이 살아갈 수 있지요. 우리 모두 -사람들, 동물들, 그리고 식물들- 직접 또는 간접적으로 태양을 소비하는 셈입니다. 몸 밖의 거대한 심장인 태양의 모든 효과를 기술하자면 엄두도 낼 수 없겠지요.

우리의 몸이 피부라는 경계 안에 한정된다고 생각하면 오산입니다. 그것은 훨씬 더 엄청나지요. 그것은 지구의 대기권조차 포함합니다. 잠깐이라도 대기가 사라진다면, 우리의 생명은 끝입니다. 우주에서 일어나는 그 어떤 현상도 우리와 밀접하게 연관되어 있지 않은 것은 없습니다. 대양의 바닥에 놓여 있는 조약돌로부터, 수백만 광년 떨어진 어느 은하의 움직임에 이르기까지 말입니다. 월트 휘트먼이 말했지요. "나는, 풀잎 하나의 움직임도 별들의 운행에 결코 뒤지지 않는다고 믿는다." 이는 단지 사변적인 말이 결코 아닙니다. 이는 그의 영혼 깊숙한 곳에서 비롯된 말이지요. 이어 말합니다. "나의 경계는 거대하다. 그것은 무한한 다중성을 함축한다."

깊이 살핌

사물을 진정으로 보기 위해서는 깊이 살펴야 합니다. 강물에서 수영을 하며 그 맑은 물을 진정으로 즐기려면, 강이 될 줄도 알아야 합니다. 제가 미국을 처음 방문한 해의 어느 날, 몇몇 친구들과 보스턴 대학에서 점심을 먹고 있었습니다. 그리고 찰스 강을 내려다보게 되었지요. 고향을 떠난 지 너무나 오래되었고, 강을 보고 있자니 정말 아름다웠습니다. 그래서 친구들을 두고 내려가, 우리나라에서 하듯 강물에 발도 담그고 세수도 하였습니다. 돌아왔을 때 교수 한 분이 말했습니다. "그렇게 하면 매우 위험합니다. 혹시 강물로 입도 헹구셨어요?" 제가 그렇다고 하자 이렇게 말했습니다. "의사한테 가서 주사라도 한 방 맞는 게 좋을 겁니다."

저는 충격을 받았습니다. 이곳의 강들이 그토록 오염되어 있었다는 사실을 몰랐지요. 몇몇은 아예 '죽음의 강'이라 불렸습니다. 우리나라에서는, 가끔 강물이 점토로 탁해지기는 하지만 그게 이런 종류의 더러움은 아니었습니다. 누군가가, 독일의 라인 강은 너무나 많은 화학물질이 들어 있어서 거기 담구면 사진 인화도 가능하다고 말해주었습니다. 만일 강을 계속 즐기길 원한다면 ─거기서 수영하고, 곁에서 걷고, 그 물도 마시고 싶다면─ 불이적 관점을 수용해야 합니다. 강이 되어보는 명상을 해야만 합니다. 그렇게 강의 두려움과 희망을 온몸으로 체험할 수 있어야 하지요. 강, 산, 공기, 동물들, 그리고 다른 사람들을 그들의 관점에서 느낄 수 없다면, 강은 죽을 것이고 우리는 평화의 기회를 잃을 터입니다.

등반가이거나, 시골이나 푸른 숲을 즐기는 사람이라면, 숲이 우리 몸 밖의 폐라는 점을 압니다. 태양이 몸 밖의 심장인 것처럼 말이지요. 그럼에도 사람들은, 산성비로 300만 제곱미터에 달하는 삼림이 파괴되고, 태양광 조사량을 조절하는 오존층이 파괴되는 것을 방치하는 쪽으로 행동합니다. 작은 나에 갇혀, 오직 이 작은 나의 안락함만을 생각하는 와중에, 보다 큰 나는 파괴되어갑니다. 우리는 진정한 나가 될 수 있어야 합니다. 강이 될 수 있어야 하고, 숲이 될 수 있어야 하며, 태양이, 오존층이 될 수 있어야 한다는 뜻입니다. 미래의 희망과 이해를 갖기 위해서는 이렇게 해야만 합니다.

마음챙김
생활의 기술

자연은 우리의 어머니입니다. 우리가 몸이 아픈 이유는 어머니와 단절되어 살아가기 때문이지요. 어떤 이들은 아파트라고 부르는 상자 속에서 생활합니다. 높기도 굉장히 높지요. 우리 주위를 시멘트, 철, 그리고 비슷한 단단한 것들이 에워싸고 있습니다. 손가락으로 흙을 만져볼 기회조차 갖지 못하지요. 이제 더는 상추를 직접 기르지 않습니다. 어머니 대지에서 너무나 멀리 떨어져 생활하기에, 병이 날 수밖에 없습니다. 그렇기에 때때로 밖으로 나가 자연 속에 머무를 필요가 있지요. 이는 매우 중요합니다. 우리 그리고 우리 자녀들은 다시 한번 어머니 대지와 접촉해야 합니다. 많은 도시에서, 나무들을 찾아볼 수 없습니다. 어디를 둘러보아도 초록빛은 완전히 배제되어 있지요.

하루는, 나무가 오직 한 그루만 남은 어떤 도시를 상상해 보았습니다. 그 나무는 여전히 아름다웠지만, 도시 한가운데 빌딩들에 둘러싸인 채, 아주 외로웠지요. 많은 사람들이 몸이 아프기 시작했지만 대부분의 의사들은 그 병을 어떻게 치료해야 할지 알 수 없었습니다. 하지만 어느 한 훌륭한 의사가 나타나 병의 원인을 알아내고는 환자들에게 이런 처방을 내렸습니다. "매일같이, 버스를 타고 도시 중심으로 가 나무를 보시오. 다가가며, 호흡을 들이쉬고 내쉬는 연습을 하고, 거기 다다르면, 나무를 껴안고 15분간 내쉬고 들이쉼을 반복하시오. 그러면서 나무의 푸르른 자태를 쳐다보고, 향기로운 껍질 냄새를 맡는 겁니다. 그렇게 하면 수주 내에 훨씬 좋아질 것이외다."

사람들은 하나둘 좋아지기 시작했습니다. 하지만 얼마 지나지 않아, 너무 많은 이들이 허겁지겁 나무로 달려가는 바람에, 사람들은 몇 킬로미터씩 줄을 서서 기다려야 하는 상황이 되었습니다. 당신도 알듯, 요즘 사람들은 인내심이 그리 많지 않습니다. 그래서 나무를 허그하기 위해 서너 시간을 기다려야 한다는 게 너무한 것 아니냐며 폭동이 일어날 지경이 되었지요. 그들은 시위대를 조직하여, 나무를 허그하는 시간은 한 사람당 5분이 넘어서는 안 된다는 새로운 법을 제정하기 위해 싸웠습니다. 하지만 당연히, 그렇게 하면 치유를 위한 시간은 줄어들 수밖에 없었지요. 이내 그 시간 제한은 1분으로 줄었고, 급기야 우리의 어머니에게 치유 받을 기회는 사라져버리고 말았습니다.

　우리가 충분히 마음챙김하지 않는다면 상황이 곧 이렇게 될는지도 모릅니다. 어머니 지구, 그리고 우리 자신과 아이들을 구하고 싶다면, 매사 행위 속에 의식이 늘 깨어 있도록 실천해야 합니다. 예를 들면, 쓰레기를 바라볼 때, 거기서 상추, 오이, 토마토, 그리고 꽃을 볼 수 있어야 합니다. 쓰레기통에 바나나 껍질을 버릴 때, 우리가 던지는 것이 바나나 껍질이며, 그것은 머지않아 한 송이 꽃이나 채소가 되리라는 사실을 자각해야 합니다. 그것은 정확히 명상 수행과 다름없습니다.

　쓰레기통에 비닐봉투를 버릴 때, 그것이 바나나 껍질과는 다르다는 사실을 압니다. 그것이 꽃이 되려면 오랜 시간이 걸릴 터이지요. '쓰레기통에 비닐봉투를 버리며, 나는 내가 쓰레기통에 비닐봉투를 버리고 있음을 안다.' 그 자각만으로도 지구를 보호하고, 평화를 만들고, 지금 이 순간과 미래의 생명을 돌보는 데 도움이 됩니다. 우리가 자각하면, 자연스럽게 비닐봉투를 더 적게 쓰려고 노력할 것입니다. 이는 일종의 평화의 강령, 기초적인 평화 행위입니다.

　일회용 비닐 기저귀를 쓰레기통에 버릴 때, 그것이 꽃이 되려면 훨씬 더 오래 걸린다는 것을 압니다. 자그마치 400년 이상이지요. 이런 종류의 기저귀들을 쓰게 되면 평화로 가는 길과는 멀어진다는 것을 알았다면 다른 방법들을 모색해야 합니다. 호흡 수행과 함께 육체, 감정, 마음, 그리고 마음의 대상들에 대해 관조하면서 지금 이 순간 평화를 실천하는 것입니다. 이것이 마음챙김하는 생활인 것이지요.

핵폐기물은 최악의 쓰레기입니다. 그것이 꽃이 되려면 대략 25만 년이 걸리지요. 미국의 50개 주 중 40개 주가 이미 핵폐기물에 오염된 상태입니다. 우리는 자신과 이후 수많은 세대의 어린아이들이 살아갈 지구를 살 곳이 못되는 장소로 만들어가는 중입니다. 지금 이 순간을 마음챙김하며 산다면, 무엇을 해야 하고 무엇을 하지 말아야 하는지 알게 되고, 그럼 자연스레 평화의 방향으로 노력하게 됩니다.

각성된 의식의 함양

저녁 식탁에 앉아 그릇에 향기롭고 맛있는 음식들이 채워진 것을 보면서도, 기아의 고통에 허덕이는 사람들의 쓸쓸한 아픔을 자각할 수 있습니다. 매일 4만 명의 어린이가 기아와 영양실조로 사망합니다. 매일 말입니다! 그 숫자는 매번 들어도 충격적입니다. 음식을 깊이 들여다볼 때, 우리는 어머니 지구, 농부들, 그리고 기아와 영양실조의 비극을 '볼' 수 있습니다.

북미와 유럽에 사는 우리들은 제3세계로부터 수입한 곡물과 다른 음식들을 먹는 데 익숙합니다. 커피는 콜롬비아로부터, 초콜릿은 가나로부터, 향미는 태국으로부터라는 식이지요. 이들 나라의 어린이들은, 몇몇 부자를 제외하면, 그러한 훌륭한 산물들을 구경도 하지 못한다는 사실을 알고 있어야 합니다. 보다 좋은 산물은 외화를 벌기 위해 따로 챙겨 수출하고, 그 어린이들은 저열한 음식들만 먹습니다. 먹여 살릴 방법이 없어 하는 수 없이, 부유한 가정에 자기 아이들을 하인으로 보내는 부모들조차 있습니다.

식사 전 매번, 먹을 것이 충분치 않은 아이들에 대해 생각하며 마음챙김 속에 두 손 모아 기도할 수 있습니다. 그러면 우리의 행운에 대해 마음챙김을 유지하는 데 도움이 됩니다. 그리고 어쩌면, 세상에 존재하는 불공정한 시스템에 변화를 줄 수 있는 방법을 언젠가 발견해 낼는지도 모르지요. 많은 난민 어린이가 식사 전, 밥그릇을 들고 이렇게 말합니다. "오늘, 식탁 위에는 맛있는 음식이 잔뜩 놓여 있습니다. 내 가족과 함께 여기서 이 멋진 음식들을 즐길 수 있음에 감사드립니다. 나보다 불행하고 배가 고픈 수많은 아이들이 있음을 나는 압니다." 자신이 지금 막 먹으려는 그 밥이, 예를 들면 대부분의 태국 어린이들이 자기 나라에서 기른 쌀임에도 불구하고 구경도 해보지 못한 훌륭한 쌀로 만들어진 것임을 그 난민 어린이는 알고 있습니다. 소위 '선진국'에 사는 어린이들에게, 세상의 모든 어린이들이 그와 같이 아름답고 영양가 있는 음식을 먹는 것은 아니라는 사실을 설명하기란 어려운 일이지요. 이런 사실을 인지하는 것만으로도 자신의 심리적 고통들을 극복하는 데 도움이 됩니다. 이러한 관조는 궁극적으로 우리의 도움을 애타게 기다리는 이들을 어떻게 도울 수 있는지 길을 제시하겠지요.

국회의원에게 쓰는
연애편지

평화운동 속에는 많은 분노와 불만, 오해가 담겨 있습니다. 평화운동을 하는 사람들은 항의 서한은 기가 막히게 쓰지만, 연애편지에는 그다지 능숙하지 못하지요. 국회의원이나 대통령에게 편지를 쓸 때, 그들이 읽어보고 싶도록 쓰는 법을 배울 필요가 있습니다. 그냥 쓰레기통에 던져버려지지 않게 말이지요. 말할 때는, 일종의 이해, 일종의 단어 선택을 신중히 해야 사람들이 고개를 돌리지 않습니다. 그리고 명심해야 합니다. 대통령도 우리와 똑같이 사람이지요.

평화운동을 사랑의 언어로 말하면서, 평화로 이끄는 길을 제시할 수 있을까요? 그것은 평화운동의 당사자들이 스스로 '평화로울 수' 있는가에 달려 있다고 생각합니다. 스스로 평화롭지 못하다면, 평화를 위해 무엇인가를 한다는 게 애초에 불가능할 테니까요. 스스로 웃지 못하면서, 남들이 웃도록 도울 수는 없습니다. 스스로 평화롭지 못하다면, 평화운동에 기여할 수 없습니다.

저는 우리가 평화운동의 새로운 차원을 열기를 희망합니다. 지금의 평화운동은 자주 분노와 증오로 가득차곤 해서, 우리가 기대하는 역할을 충족시키지 못하고 있습니다. 우선 스스로가 평화로운, 그런 신선한 방식으로 평화를 만들어나가는 것이 필요합니다. 그것이 우리에게 마음챙김 실천이 그렇게나 중요한 이유입니다. 그것은 살펴서, 발견하고, 이해하는 능력이기 때문이지요. 사물을 불이적으로 바라보는 우리의 관점을 평화운동에 접목시킨다면 경이로운 일이 벌어질 것입니다. 그것만으로도 증오와 공격성을 줄일 테니까요. 평화를 만들어간다 함은, 다른 무엇보다 우선, 스스로 평화로워지는 것입니다. 우리는 서로가 서로를 의지합니다. 우리 아이들의 미래는 우리에게 달려 있습니다.

시민권

우리는 시민으로서 커다란 책임을 짊어집니다. 우리의 일상, 무엇을 먹고 어떻게 마실지를 세상의 정치적 상황을 고려해 정해야 합니다. 우리가 매일 하는 일들은, 그것이 우리 자신인 양, 평화와 함께 행해져야 합니다. 라이프스타일, 소비패턴, 사물을 보는 관점, 이 모든 것에 의식적으로 주의를 기울인다면, 우리가 살아 있는 지금 이 자리에서 평화를 만드는 방법을 알게 됩니다. 우리는, 정부가 입맛대로 어떤 정책이든 만들 수 있지만, 자신의 일상에 문제만 없다면 자유는 보장된 것이라 생각합니다. 만일 우리가 그들로 하여금 정책을 바꾸도록 하는 게 가능하다면 좋겠지만, 아직은 그것이 가능하지 않지요.

자신이 정부로 들어가 권력자가 된다면, 모든 것을 바로잡을 수 있을 거라 생각하지만, 실상은 그렇지 않습니다. 만일 당신이 대통령으로 당선되었다면, 이내 수많은 어려운 현실에 직면하게 될 터입니다. 아마도 지금 대통령과 거의 똑같이 하든지, 어쩌면 조금 낫거나, 또 어쩌면 조금 못하거나 정도일 테지요.

명상이란 대상을 깊이 살피는 작업으로, 이를 통해 자신을 변화시키고 상황을 바꾸는 방법을 알아채는 것입니다. 상황을 바꾼다 함은 자신의 마음을 바꾼다는 것입니다. 마음을 바꾼다 함은 상황을 바꾼다는 말이지요. 상황이 곧 마음이고, 마음이 곧 상황이기 때문입니다. 이 깨달음이 중요합니다. 폭탄의 본성, 불의의 본성, 그리고 우리 자신 존재의 본성이 예외 없이 모두 동일합니다.

우리들 스스로 더 책임감 있는 삶을 살 때, 정치 지도자들에게 그와 같은 방향으로 나아갈 것을 요구할 수 있습니다. 환경을, 그리고 우리의 의식을 오염시키는 짓을 그만두게끔 그들을 독려해야만 합니다. 우리와 평화에 대한 생각을 공유하는 조언자들의 말에 그들이 귀 기울일 수 있도록 도와야 합니다. 정치 지도자들을 후원하는 우리의 역할에는 일정 수준의 깨달음이 요구됩니다. 특히 선거 기간이라면 더욱 그렇지요. 그때라면 우리는 많은 중요한 일들에 대해 이야기할 기회를 갖습니다. 텔레비전에 출연한 그들 중에 누가 더 잘생겼는지 보고 골랐다가 나중에 후회하지 마시고, 그들이 얼마나 마음챙김 되어 있는지를 보십시오.

정치지도자들은, 마음챙김을 실천하여 깊은 평화와 고요의 느낌을 주고 세상이 나아갈 바에 대해 분명한 비전을 갖춘 사람들의 조언을 받아야만 합니다. 만일 우리가 이 확신을 말과 글로 적극적으로 표현한다면, 평화의 길로 움직일 수 있는 지도자들을 선출하기 시작할 것입니다. 그럼 시암 만에서 보트피플을 구하기 위해 애썼던 버나드 쿠쉬먼 같은 생태운동가나 인도주의자들이 장관에 임명될는지도 모르겠군요. 이런 태도는 좋은 징조입니다.

마음의 생태학

우리에게는 어우러짐이 필요합니다. 평화가 필요하지요. 평화는 생명 존중을 기초로 합니다. 생명을 공경하는 정신이지요. 비단 인간의 생명만을 얘기하는 것이 아닙니다. 동물, 식물, 심지어 광물의 생명까지 존중해야 합니다. 바위도 살아 있을 수 있습니다. 바위가 파괴될 수도 있지요. 지구 또한 마찬가지입니다. 공기와 물의 오염으로 인해 우리 건강이 파괴됨은 광물의 파괴와 연관성이 있습니다. 우리가 농사짓는 방식, 우리가 쓰레기를 처리하는 방식, 이 모든 것이 서로 관련되어 있지요.

생태학은 어떤 깊은 생태학이어야 합니다. 깊을 뿐만 아니라 보편적이기도 해야 합니다. 우리 의식 안에 공해가 존재하기 때문이지요. 예를 들면, 텔레비전은 우리와 아이들에게 공해의 한 형태입니다. 텔레비전은 폭력과 불안의 씨앗을 아이들에게 심고, 그들의 의식을 오염시킵니다. 우리가 화학 물질과, 벌목, 그리고 수질오염으로 환경을 파괴하는 것과 똑같이 말입니다. 우리는 마음의 생태계를 보호해야 할 필요가 있습니다. 그렇지 못하면 이런 종류의 폭력과 무모함이 삶의 다른 많은 영역으로 퍼져나갈 것입니다.

전쟁의 뿌리

1966년, 제가 베트남 전쟁 중지를 부르짖으며 미국에 있을 때, 한 젊은 미국 평화운동가가 제가 연설하는 도중 일어나 외쳤습니다. "지금 당신에게 가장 필요한 일은 당신네 나라로 돌아가 압제자 미국을 무찌르는 것이오! 당신은 여기 있지 말 았어야 했소. 여기 있는 것은 전적으로 아무 소용이 없단 말이오!"

　그를 비롯한 많은 미국인들이 평화를 원했지만, 그들이 원하는 평화는 자신들의 화를 달래기 위해 어느 한쪽 편이 패하는 것을 의미했습니다. 전쟁 중지를 요구해왔지만 그것이 관철되지 않았기에 그들은 화가 났고, 급기야 자신들의 조국의 패배 외에 그 어떤 해결책도 받아들일 수 없게 되었던 것입니다. 하지만 우리 베트남인들은 실제로 폭격 아래 신음하기에 좀 더 현실적일 수밖에 없었습니다. 우리는 오직 평화만을 원했습니다. 누가 이기고 지는지는 관심 밖이었지요. 단지 폭격이 멈추기만을 바랐습니다. 하지만 우리의 이 즉각적인 전쟁 중지 제안에 대해 평화운동 안에서도 많은 사람들이 반대했습니다. 누구도 이해하지 못하는 것 같았지요.

그래서 그 젊은이가 "고국으로 돌아가 압제자 미국을 무찔러라."고 외치는 소리를 들었을 때, 저는 자신을 다잡기 위해 심호흡을 몇 번 하고는 이렇게 말했습니다. "젊은 양반, 제가 보기에 전쟁의 뿌리가 되는 많은 부분은 여기 당신 나라에 있는 것 같습니다. 그래서 제가 여기 와야만 했지요. 그 뿌리 중 하나가 세상을 바라보는 바로 당신의 관점입니다. 양쪽 편 모두 잘못된 정책의 희생양입니다. 문제를 해결하기 위해서는 폭력적인 힘이 필요하다고 믿는 정책 말입니다. 베트남인들이 죽어가는 것을 저는 원하지 않습니다. 하지만 미국 병사들이 죽어가는 것 또한 원하지 않습니다."

전쟁의 뿌리는 우리가 일상을 살아가는 방식에 숨어 있습니다. 우리가 산업을 개발하는 방식, 사회를 건설하는 방식, 그리고 상품을 소비하는 방식 말입니다. 상황을 속속들이 깊이 들여다보아야 합니다. 그럼 전쟁의 뿌리를 볼 수 있게 됩니다. 단순히 이쪽 아니면 저쪽을 비난만 할 수 없습니다. 어느 한쪽 편을 드는 경향성을 뛰어넘어야 합니다.

어떤 분쟁 중이든, 양쪽 편의 고통을 모두 이해할 줄

아는 사람들이 필요합니다. 예를 들면, 남아프리카의 일부 사람들이 양쪽 편 모두로 가서 각각의 고통을 이해하고, 반대편과 소통할 수 있다면, 참으로 도움이 될 것입니다. 우리에게는 연결이 필요합니다. 우리에게는 소통이 필요하지요.

　　비폭력의 실천은 무엇보다 먼저 스스로 비폭력적이 되는 것입니다. 그런 뒤라야 어떤 어려운 상황이 닥쳤을 때, 상황을 호전시키는 방향으로 반응할 수 있을 터입니다. 이는 가족의 문제, 사회의 문제에도 적용됩니다.

나뭇잎처럼,
우리에게는 수많은 줄기가 있다

어느 가을 날 공원에서, 저는 너무나 작고 아름다운 잎사귀에 흠뻑 빠져들고 말았습니다. 그것은 하트 모양을 하고 있었지요. 색깔은 거의 빨갛게 물들어, 가지에 겨우 매달려 있었습니다. 여차하면 떨어질 듯 했지요. 그것을 한동안 쳐다보며, 잎사귀에게 몇 가지 질문을 던졌습니다. 그리고 나무에게 있어 그 잎사귀는 어머니와 같았다는 사실을 알았습니다. 대개 우리는 나무가 어머니이고 잎사귀들은 단지 그 아이들이라 생각하지만, 저는 그 잎사귀를 바라보며 나무에게 있어 그것 또한 어머니임을 알았지요. 뿌리가 길어 올린 수액은 물과 미네랄 성분뿐입니다. 나무를 길러내는 데 충분치 않지요. 그래서 나무는 그 수액을 잎사귀들로 분산시킵니다. 그럼 잎사귀들이 그 개략적인 수액을 공들인 수액으로 변형시킵니다. 태양과 공기의 도움을 받아 말이지요. 그러고는 그것을 되돌려 나무를 살찌웁니다. 그렇기에 잎사귀들 또한 나무에게 어머니인 것입니다. 잎사귀는 나무에 줄기로 연결되어 있기에, 둘 사이의 소통은 쉽게 볼 수 있지요.

사람의 경우, 태어나면 어머니와 연결된 줄기를 더 이상 갖지 않지만, 자궁 속에 있을 때, 우리는 상당히 긴 줄기를 갖습니다. 바로 탯줄이지요. 필요한 산소와 영양분이 그 줄기를 통해 우리에게 전달됩니다. 하지만 우리가 태어나던 날, 그것은 끊어지고, 그럼으로 자신이 독립적인 존재가 되었다는 환상을 갖게 되지요. 그것은 사실이 아닙니다. 아주 오랜 시간 동안 우리 어머니에게 계속 의지하며, 또 다른 많은 어머니를 갖습니다. 지구는 우리의 어머니입니다. 어머니 지구와 연결된 많은 거대한 줄기들이 있습니다. 우리와 구름을 연결하는 줄기가 있습니다. 구름이 없다면, 마실 물도 없겠지요. 우리는 적어도 70퍼센트 이상 물로 이루어졌고, 우리와 구름 사이의 줄기는 거기 정말로 존재합니다. 이는 강, 숲, 벌목꾼, 농부의 경우에도 마찬가지입니다. 수천수만의 줄기들이 우리와 우주 안의 모든 것을 연결합니다. 우리를 지지하고 우리의 존재가 가능하도록 말입니다. 당신과 나 사이의 연결이 보이십니까? 당신이 거기 없다면, 저 또한 여기 있을 수 없습니다. 이는 자명합니다. 아직 그것을 보지 못한다면, 부디 좀 더 깊이 살펴보길 바랍니다. 당신도 보게 되리라는 것을 저는 확신합니다.

　　이제 가을이고 다른 잎들이 떨어지고 있는데 무섭지 않은지 그 잎사귀에게 물었습니다. 잎사귀가 말했습니다. "아닙니다. 봄과 여름 내내 저는 완벽하게 살아 있었습니다. 나무를 살찌우기 위해 열심히 일했고, 그래서 이제 나무 안에 수많은 내가 있는 셈입니다. 저는 이 형태에 제한되어 있지 않아요. 저는 나무 전체이기도 합니다. 또한 제가 흙으로 돌아가도, 계속 나무를 살찌울 것입니다. 그러므로 전혀 걱정하지 않습니다. 제가 이 가지를 떠나 땅으로 떨어질 때, 나무에게 손 흔들며 이렇게 말할 겁니다. 이제 곧 다시 볼 거야."

　　그날 바람이 불었고, 잠시 뒤 그 잎사귀가 가지를 떠나 땅에 떨어지는 것을 지켜보았습니다. 그것은 즐겁게 춤추며 떨어져 내렸지요. 잎사귀는 너무나 행복했습니다. 자신이 이미 나무 안에 존재함을 보았기 때문이지요. 저는 고개 숙여 인사했습니다. 그것으로부터 많은 교훈을 얻었으니까요.

우리 모두는
서로 연결되어 있다

수백만의 사람들이 스포츠를 사랑합니다. 축구나 야구팬이라면, 아마도 한 팀에 뿌리를 틀고 그들과 자신을 동일시할 것입니다. 게임을 지켜보며 함께 웃고 함께 울겠지요. 어쩌면 흠뻑 빠져 선수와 함께 발길질 하고, 선수와 함께 팔을 휘둘러댈 테지요. 만약 어느 편이든 들지 않는다면, 재미는 사라질 것입니다. 전쟁에서도 우리는 편을 고릅니다. 대개는 위협받는 약자 쪽을 택하지요. 평화운동은 바로 이런 감정에서 비롯되었습니다. 화도 내고, 소리치기도 하지만, 이 모든 상황을 위에서 관망하며, 마치 두 자녀가 싸울 때 그것을 지켜보는 어머니처럼 바라보는 경우는 드물지요. 어머니가 바라는 것은 오직 자녀들의 화해뿐입니다.

"같은 암탉이 낳은 두 마리 병아리가 싸우려면, 각자 얼굴에 서로 다른 색깔을 칠하는 수밖에 없다." 잘 알려진 베트남 속담입니다. 얼굴에 색칠을 하면 자기 형제자매에게도 이방인이 됩니다. 우리는 오직 이방인에게만 총부리를 겨눌 수 있지요. 화해를 위한 진정한 노력은 우리가 연민의 눈으로 볼 때 일어납니다. 그리고 그 능력은 모든 존재가 서로 연결되어 있고 서로 의지하고 있다는 본성을 명확히 볼 때 생겨납니다.

살면서 운이 좋으면, 그 사랑이 동식물에게까지 뻗치는 사람을 목격합니다. 또한 자신들이 안전한 상황에 있음에도 불구하고, 기근, 질병, 그리고 압제가 지구상 수백만의 사람들을 파괴하고 있음을 깨달아, 고통 받는 이들을 돕기 위해 길을 찾는 이들도 있습니다. 그들은 자신의 생명이 위협받는 가운데서도, 핍박받는 이들을 잊을 수가 없습니다. 이런 사람들은 생명의 상호의존적인 본성을 적어도 어느 정도는 깨닫고 있는 것입니다. 저개발국가의 생존이 물질적으로 부유하고 기술적으로 발전된 나라들의 생존과 따로 떨어졌다고 생각할 수 없음을 이들은 압니다. 가난과 압제는 전쟁을 가져옵니다. 우리 시대에는, 전쟁마다 전 세계 모든 나라가 휘말려 들어갔습니다. 한 나라의 운명은 다른 모든 나라의 운명과 긴밀히 연결되어 있습니다.

언제쯤이면 한 어미에서 난 병아리들이 얼굴에 색을 지우고 서로가 형제자매임을 눈치챌 수 있을까요? 위험을 종

식시키는 유일한 방법은, 우리들 각자가 얼굴에서 색을 지우고 서로에게 이렇게 말하는 것입니다. "저는 당신의 형제입니다." "저는 당신의 자매입니다." "우리는 모두 인간이며, 우리는 하나입니다."

화해

이미 다른 사람들에게 상처를 입혀, 그들이 우리를 적으로 삼을 때, 무엇을 할 수 있을까요? 이들은 가족 구성원일 수도, 사회 구성원일 수도, 다른 나라 사람들일 수도 있습니다. 답은 이미 알고 있으시리라 생각합니다. 할 수 있는 일은 거의 없습니다. 우선 첫 번째로, "죄송합니다. 저의 무지로, 마음챙김이 부족한 탓에, 능숙하지 못해 당신에게 해를 끼쳤군요. 스스로 변하기 위해 최선을 다하겠습니다. 감히 더 이상 무슨 말을 할 수 있겠습니까."라고 시간을 내어 얘기하는 것입니다. 때로, 해를 끼칠 의도가 없었음에도, 충분히 신중하지 못했거나 능숙하지 못해서 누군가에게 피해를 끼칩니다. 일상 생활에서 마음챙김을 유지하는 일은 중요합니다. 누군가에게 해를 끼치지 않을 방법 면에서도 그러하지요.

그리고 두 번째는 최선을 다해 성의를 보이는 것입니다. 자신의 내면에서 가장 긍정적인 부분을 이끌어내어 스스로를 변용시키는 것이지요. 그것이 자신이 방금 말한 것을 실제로 보여주는 유일한 방법입니다. 스스로 신선하고 즐겁게 되면, 타인이 그것을 곧 알아차립니다. 그 사람에게 다가갈 기회가 왔을 때, 한 송이 꽃처럼 접근한다면 자신이 완전히 달라졌음을 그 사람도 즉시 눈치챕니다. 심지어 아무 말도 필요 없습니다. 그와 같은 모습을 보는 것만으로, 그(녀)는 당신을 받아들이고 용서할 것입니다. 이를 "말이 아닌 행동으로 보여준다."고 하지요.

자신의 적 또한 고통 받고 있음을 보기 시작할 때, 드디어 통찰이 시작됩니다. 자신의 내면에서 타인의 고통을 멈추고 싶다는 바람이 보일 때, 그것이 진정한 사랑의 징표이지요. 하지만 주의가 필요합니다. 때로 자신이 실제보다 더 강하다고 착각할 수 있습니다. 자신의 진짜 힘을 시험해보려면, 다른 사람에게 다가가 그(녀)의 얘기를 들어주고 대화를 나누어보세요. 그럼 자신의 사랑과 자비가 진짜인지 즉시 알 수 있습니다. 이처럼 시험해 보기 위해서는 타인이 필요합니다. 가령 사랑 또는 이해와 같은 원리들에 대해 단지 추상적으로만 명상한다면, 그것은 고작해야 자신의 상상일 뿐 진정한 이해, 진정한 사랑이 아닙니다.

화해란 단순히 이중적이고 잔인하게 굴지 않겠다는

합의서에 사인하는 것을 의미하지 않습니다. 화해는 편가름 없이, 모든 형태의 욕심에 반대합니다. 우리들 대부분은 분쟁이나 상황에 직면할 때마다 어느 편인지 선택하고 싶어 합니다. 일부일 뿐인 증거나 전해들은 말을 근거로 옳고 그름을 구별하려 들지요. 행동하기 위해서 비분강개가 필요한 우리이지만, 그 분함이 아무리 정당하고 합법적이라도 그것으로는 충분치 않습니다. 세상에는 행동에 자신을 기꺼이 내던질 수 있는 사람들로 넘쳐나지요. 정말로 필요한 사람들이란, 편을 취하지 않고 진심으로 사랑할 수 있어, 현실 전체를 포용할 수 있는 이들입니다.

마음챙김과 화해의 실천은 계속되어야만 합니다. 우간다나 에티오피아의 뼈만 앙상한 아이들을 마치 우리 자신인 양 볼 수 있고, 나아가 모든 생명체의 배고픔과 고통이 우리 자신의 것인 양 느낄 수 있을 때까지 말입니다. 그때 비로소 무차별적이고 무조건적인 진정한 사랑에 도달합니다. 비로소 일체 존재를 자비의 눈으로 바라볼 수 있고, 진정으로 고통을 덜어줄 수 있습니다.

나를 진정한
이름들로 불러주오

프랑스에서 제가 머무는 플럼 빌리지에는 싱가포르, 말레이시아, 인도네시아, 태국, 그리고 필리핀에 있는 난민캠프로부터 수많은 편지들이 도착합니다. 매주 수백 통에 달하지요. 그것들을 읽고 있자면 가슴이 미어집니다. 하지만 읽어야만 합니다. 그들과의 연결을 놓쳐서는 안 되지요. 최선을 다해 도우려 노력하지만, 고통은 실로 엄청나서 때로 용기를 잃기도 합니다. 보트피플의 절반은 바다에서 죽는다고 합니다. 나머지 절반만이 동남아시아 해안에 도착하고, 도착했다고 해도 여전히 안전이 보장되는 것은 아닙니다.

보트피플 중 많은 어린 소녀들이 해적들에게 강간을 당합니다. 해적 행위를 막기 위해 국제연맹과 많은 나라들이 태국 정부를 애써 돕지만, 여전히 해적들은 난민들에게 많은 고통을 끼치고 있지요. 하루는 작은 보트에 타고 있다가 태국 해적에게 강간당한 어린 소녀 이야기가 적힌 편지 한 통을 받았습니다. 그녀는 열두 살밖에 되지 않았고, 바다에 뛰어내려 스스로 목숨을 끊었다고 합니다.

그런 소식을 접하게 되면, 우선 해적에게 화가 치밉니다. 자연스럽게 소녀의 편에 서게 되는 것이지요. 하지만 좀 더 깊이 살펴보면 다르게 보이기 시작합니다. 소녀의 편만 든다면, 상황은 쉬워집니다. 총을 들어 그 해적을 쏴버리면 그만이지요. 하지만 우리는 그렇게 할 수 없습니다. 명상을 하며, 만약 그 해적이 자란 동네에서 태어나 그와 똑같은 조건에서 자랐다면, 저 또한 해적이 되었을 가능성이 크다는 사실을 보았습니다. 수많은 아기들이 매일같이 시암 만 근처에서 태어납니다. 만일 우리 같은 교육자, 사회운동가, 정치인 등등이 그들의 상황에 대해 뭔가 하지 않는다면, 25년 정도 지나면 그들 중 적어도 일부는 해적이 되겠지요. 이는 자명합니다. 여러분이나 제가 오늘 그곳 어딘가의 어촌에서 태어난다면, 25년 뒤에는 해적일 수 있다는 말입니다. 총을 들어 해적을 쏴버리면, 그것은 우리 모두를 쏘는 것과 같습니다. 우리 모두가 이 비극적 사건에 책임이 어느 정도 있기 때문입니다.

긴 명상 끝에, 저는 시를 지었습니다. 거기에는 세 사람이 등장하지요. 열두 살짜리 소녀, 해적, 그리고 나입니다. 서로를 쳐다보며, 상대방 안에 있는 자신을 알아챌 수는 없는 것일까요? 시의 제목은 "부탁컨대 나를 진정한 이름들로 불러주오"입니다. 나에게는 수많은 이름이 존재하니까요. 이들 이름 중 하나가 귀에 들리면, "네"라고 답해야만 합니다.

내일 내가 떠나리라 말하지 말라.
오늘 아직 당도하지도 않았으니.

깊이 보라. 나는 매 순간 도착하나니
이른 봄 나뭇가지 꽃봉오리로,
연약한 날갯짓하며, 둥지 속 노래 배우는,
한 마리 작은 새로,
꽃송이 가운데 한 마리 애벌레로,
돌덩이 속 숨은 보석으로.

나는 무수히 계속 태어난다.
울고 웃기 위해, 두려움과 희망을 위해.
나의 심장 고동은
살아 있는 모든 것의 탄생과 죽음.

나는 하루살이.
이제 막 수면에서 태어났다.
동시에 나는 한 마리 새.
봄이 오면 제때 찾아와,

하루살이를 먹어치우지.

나는 개구리.
맑은 연못 속 행복하게 헤엄치네.
동시에 나는 풀뱀이다.
은밀히 다가가
개구리로 배를 채우지.

나는 우간다의 어린아이.
뼈만 앙상하여 다리는 대나무 막대기 같다.
동시에 나는 무기상.
치명적인 무기들을 우간다에 팔지.

나는 열두 살 소녀.
작은 배에 몸을 실은 난민.
해적에게 더럽혀져
검푸른 바다에 몸을 던졌지.
동시에 나는 해적.
나의 심장은 아직 사랑도 이해도 모른다.

나는 정치국 임원.
내 손에는 막강한 권력이 있지.
동시에 나는 인민들에게 진 빚을

'피로서 갚아야' 하는 자.
강제 노동 수용소에서 서서히 죽어간다.

나의 기쁨은 봄과 같으니, 너무나 따스하지.
생명의 발길 닿는 곳마다 꽃이 핀다.

나의 고통은 눈물의 강과 같으니, 가득 차
사해를 채운다.
부탁컨대 나를 진정한 이름들로 불러주오.
그렇게 나의 모든 울음과 웃음을 한번에
들을 수 있도록,
그렇게 나의 기쁨과 고통이 하나임을 볼 수 있도록.

부탁컨대 나를 진정한 이름들로 불러주오.
그렇게 깨어날 수 있게.
그렇게 내 심장의 문 열린 채 있도록.
그것은 자비의 문.

고통은
자비심을 기른다

저희들은 베트남에서 지난 30년간 '참여하는 불교'를 수행해 왔습니다. 전쟁의 와중에, 명상 홀에 앉아 있을 수만은 없었습니다. 모든 곳에서 마음챙김을 실천해야만 했습니다. 특히 최악의 고통이 진행 중인 곳이라면 더 그러하지요.

전쟁 중 저희가 마주친 것 같은 고통을 경험하게 되면 인생이 그리 의미가 없거나 보람되지 못할 때 경험하는 고통을 어느 정도는 스스로 치유할 수 있습니다. 전쟁 중에 저희가 직면해야 했던 그런 어려움을 마주하면, 자신이 자비의 근원이 되어 많은 고통 받는 사람들에게 굉장한 도움을 줄 수 있음을 압니다. 그 강도 높은 고통 속에서, 자신의 내면에 일종의 안도감과 기쁨을 느낍니다. 자신이 자비의 도구라는 사실을 알기 때문이지요. 그토록 심한 고통을 이해하고 그 한가운데에서 자비를 깨달으면, 심지어 자신의 삶이 너무나 어려울지라도 진정으로 환희로운 사람이 됩니다.

지난겨울, 친구 몇 명과 함께 홍콩에 있는 난민캠프를 방문하였습니다. 그곳에서 많은 고통을 목격했지요. 거기엔 고작 한두 살밖에 되지 않은 '보트피플'도 있었습니다. 그럼에도 불법 이민자로 분류되어 송환될 처지였지요. 여정 중에 이미 부모를 잃은 상황이었는데도 말입니다. 그런 고통을 보고 있자면, 유럽과 미국의 친구들이 겪는 고통은 아무것도 아님을 알게 됩니다.

그런 만남에서 돌아올 때마다, 파리라는 도시가 비현실적이라고 느껴집니다. 그곳 사람들의 모습과 세상의 다른 곳에서 고생하는 사람들의 현실이 판이하게 다르니까요. 저는 물었습니다. 일이 저 지경인데 어떻게 사람들은 이렇게 살 수 있단 말인가? 하지만 그런 만남 없이 파리에서 10년만 살면, 그 삶이 정상인 게지요.

접점은 명상입니다. 고통이 있는 장소에 꼭 가봐야만 하는 것은 아닙니다. 단지 방석 위에 고요히 앉으면, 모든 것이 보이지요. 모든 것을 현실화할 수 있고, 세상에서 무슨 일이 일어나고 있는지 의식할 수 있습니다. 그러한 의식으로부터 자비와 이해는 자연스럽게 솟아나고, 그럼 자신의 나라에 머물면서도 사회활동을 해나갈 수 있습니다.

실천하는 사랑

여기까지 여정을 함께하며, 제가 몇 가지 수행법을 알려드렸습니다. 우리들 내면에 벌어지는 일과 그때 주변에서 벌어지는 일들에 대해 마음챙김을 유지하도록 돕는 것들이었지요. 이제, 더 넓은 세상으로 이야기를 확대한 이상, 몇 가지 추가적인 지침이 우리를 보호하고 도울 수 있을 듯합니다. 저희 공동체에 속한 이들은 다음과 같은 원칙들을 실천해 왔습니다. 요즘 같은 세상을 어떻게 살아갈지 길을 택할 때 이 원칙들을 고려하면 유익하지요. 여러분도 알게 될는지 모르겠습니다. 저희는 이를 인터빙 수도회의 열네 가지 계율이라고 부르지요.

1. 그 어떤 교리, 이론, 이데올로기도 그에 집착하거나 숭배하지 말라. 모든 사고 체계는 도구일 뿐이다. 그것들은 절대적인 진리가 될 수 없다.

2. 자신이 지금 갖고 있는 지식이 변함없고 절대적인 진리라 생각지 말라. 좁은 마음과 신념에 집착하지 말라. 열린 마음으로 타인의 관점을 받아들이기 위해 자신의 관점에 대한 집착 없음을 배우고 실천하라. 진리는 삶 속에서 발견되는 것이지 단지 관념일 뿐인 지식에 있지 않다. 자신의 전 생애에 걸쳐 배움이 일어나게끔 언제나 준비하고 세상과 내면의 현실을 늘 관찰하라.

3. 그 누구에게도, 심지어 자녀에게도 자신의 신념을 강요하지 말라. 권위에 의하든, 위협하든, 매수하든, 선전하든, 심지어 교육에 의하든, 그 어떤 방법으로도 안 된다. 그러나 타인의 광신과 편협함은 연민어린 대화를 통해 개선하도록 도우라.

4. 고통과 마주함을 피하지 말며, 고통 앞에 눈감지도 말라. 세상의 삶 중에 고통이 존재함을 늘 잊지 말라. 고통 받는 자들과 함께 할 방법을 모색하라. 개인적인 접촉과 방문, 이미지, 그리고 소리를 포함한 모든 방법을 동원하라. 이러한 방법들로, 세상의 고통이라는 현실을 자신과 타인에게 일

깨운다.

5. 수백만이 배고픈 마당에 재물을 쌓지 말라. 인생의 목표를 명성, 이익, 부, 또는 감각적 쾌락에 두지 말라. 간소하게 살며 시간, 에너지, 물질적 자원을 필요한 사람과 나누라.

6. 화나 증오를 유지하지 말라. 아직 그것들이 의식 속에서 씨앗에 불과할 때 그것을 꿰뚫어 변형시키라. 화나 증오가 일어나자마자, 주의를 자신의 호흡으로 돌려 자신의 화와 증오의 본성과 그것을 촉발시킨 당사자의 본성을 이해하라.

7. 주위가 산만해도 자기를 잃지 말라. 마음챙김의 호흡을 실천하여 지금 이 순간 일어나는 것으로 돌아오라. 자신의 내면과 주변에서 일어나는 경이롭고, 신선하고, 치유하는 것들에 의식을 두라. 내면에 기쁨, 평화, 이해의 씨앗을 심어 의식 깊은 곳에서 변용의 작업을 활성화하라.

8. 불화를 조장하고 공동체를 분열시키는 말을 삼가라. 아무리 사소한 것일지라도, 모든 분쟁이 해소되도록 화해와 해소에 모든 노력을 아끼지 말라.

9. 개인적 이익을 위해 또는 좋은 인상을 주기 위해 거짓된 말을 하는 것을 삼가라. 분열과 증오를 야기하는 말을 삼

가라. 확실히 알지 못하는 소식은 전하지 말라. 분명히 알지 못하는 것에 대해 비판하거나 규탄하지 말라. 언제나 진실하고 건설적인 말만 하라. 자신의 안전이 위협받는 상황일지라도, 용기를 갖고 불의한 상황에 대해 목소리를 내라.

10. 종교적 공동체를 사익을 위해 이용하지 말라. 또한 공동체를 정치 정당으로 탈바꿈시키지 말라. 그러나 종교적 공동체는 압제와 불의에 분명하게 반대하는 입장을 견지해야 한다. 폭력적 충돌에 관여함 없이 상황을 변화시키려는 노력을 계속하라.

11. 인간과 자연에 해를 끼치는 직업을 갖지 말라. 타인의 살아갈 기회를 약탈하는 기업에 투자하지 말라. 자비의 이상을 구체화할 수 있는 직업을 고르라.

12. 살생하지 말라. 타인이 살생하도록 놔두지도 말라.
생명을 지키고 전쟁을 막기 위해 가능한 모든 방법을 모색하라.

13. 타인 소유의 물건은 그 어떤 것이든 취하지 말라.
타인의 재산을 존중하되 그들이 인류나 다른 생명체의 고통을 통해 이익을 얻는다면 그것을 막아라.

14. 자신의 몸을 함부로 하지 말라. 그것을 존중하는 마음으로 다루는 법을 배우라. 몸을 도구일 뿐인 것으로 보지 말라. 도를 깨우치기 위해 생명 에너지를 보존하라. 사랑과 헌신이 없는 성적 표현이 일어나지 않도록 주의하라. 성적인 관계에서, 그로 인해 일어날 수도 있는 미래의 고통을 명심하라. 타인의 행복을 보존하기 위해, 타인의 권리와 헌신을 존중하라. 세상에 새로운 생명을 가져오고자 할 때는 그 책임을 충분히 의식하라. 새 생명을 가져올 세상에 대해 명상하라.

강

옛날 옛적에 아름다운 강이 하나 있었습니다. 그녀는 언덕과 숲, 그리고 들판을 지나 흘러가고 있었습니다. 산꼭대기에서 흥겨운 한줄기 샘으로 시작해 줄곧 춤추고 노래 부르며 산을 내려왔지요. 그 시절 그녀는 매우 어렸고, 이제 하류로 내려옴에 따라 점점 느려졌습니다. 그리고 바다로 갈 생각에 들떠 있었지요. 점점 커가면서, 언덕과 들판 사이를 우아하게 굽이치며 아름다운 자태를 뽐내는 법도 배웠습니다.

하루는 자신 안에 구름들이 떠다니는 것을 발견했습니다. 갖가지 색깔과 형태를 가진 구름들이었지요. 최근 들어 그녀는 다른 모든 일을 제쳐두고 구름들을 쫓아다니고 있었습니다. 그녀는 구름을 하나라도 소유하고 싶었습니다. 하지만 구름이란 본디 하늘에 떠다니는 존재, 게다가 늘 형태를 바꾸기도 하지요. 때로는 외투 같고, 때로는 한 마리 말 같네요. 구름의 무상한 본성으로 인해, 강의 마음 고생은 이만저만이 아니었습니다. 그녀의 기쁨과 즐거움은 오직 구름을 하나둘씩 쫓는 것이 되어버렸고, 결국 삶은 화와 증오로만 가득 차게 되었습니다.

그러던 어느 날 거센 바람이 불어와 하늘에 떠 있던 모든 구름들을 싹 날려버렸습니다. 하늘은 완벽하게 비어버렸지요. 우리 친애하는 강은 이제 살아갈 이유가 없어졌다고 생각했습니다. 즐겁게 쫓을 구름이 하나도 남지 않았으니까요. 그녀는 죽고 싶었습니다. '이제 구름들이 없다면, 도대체 살아갈 이유가 무엇이란 말인가?' 하지만 강이 어떻게 스스로 죽을 수 있겠어요?

그날 밤 강은 처음으로 자기 자신으로 되돌아갈 기회를 가졌습니다. 그간 너무나 오랜 시간 자신의 밖에 있는 무엇인가만을 쫓아 왔기에, 한번도 자신을 되돌아보지 못했지요. 그날 밤 그녀는 처음으로 자신이 내는 소리를 들을 수 있었습니다. 그것은 물길이 강둑에 부딪히며 내는 소리들이었지요. 자신의 목소리를 들을 수 있게 되면서, 아주 중요한 무언가를 발견했습니다.

그동안 찾던 것이 이미 자신 내면에 존재하고 있었음을 깨달았던 것입니다. 그녀는 구름이 다름 아닌 물이라는 사실을 알게 되었습니다. 그것들은 물에서 태어나 다시 물로 되돌아갈 것들이었습니다. 그리고 그녀 자신 또한 물이었지요.

다음날 아침 하늘에 태양이 떴을 때, 그녀는 뭔가 아름다운 것을 발견했습니다. 푸른 하늘을 생전 처음으로 보았던 것입니다. 전에는 그것을 한 번도 눈여겨 본 적이 없었지요. 그동안은 구름들에 정신이 팔려 거기 푸른 하늘이 있음을 눈치챌 겨를이 없었던 것입니다. 하늘이 바로 구름들의 고향임에도 말이지요. 구름은 무상하지만, 하늘은 늘 그 자리에 있습니다. 그 거대한 하늘이 자신의 가슴속에 처음 시작부터 있었음을 그녀는 깨달았습니다. 이 위대한 통찰은 그녀에게 평화와 행복을 가져다주었습니다. 광대하고 경이로운 푸른 하늘을 바라보며, 이제 다시는 평화와 안정을 잃을 수 없음을 알았지요.

그날 오후, 구름들이 돌아왔지만, 이번에는 그것들을 소유하고픈 마음이 일어나지 않았습니다. 구름 하나하나의 아름다움을 여전히 볼 수 있었고, 그 모두를 반기는 마음도 여전했지만 말이지요. 구름이 지나가면, 그녀는 사랑과 친절함으로 인사합니다. 그러다 구름이 이제 떠나고 싶어 하면, 여전히 사랑과 친절한 마음을 유지한 채 잘 가라고 행복하게 손을 흔들곤 했지요. 그 모든 구름들이 실은 자기 자신임을 그녀는 깨달았습니다. 자신과 구름들 사이에 양자택일할 이유는 전혀 없었지요. 그녀와 구름들 사이에는 평화와 조화로움만이 존재했습니다.

그날 저녁 경이로운 일이 벌어졌습니다. 자신의 가슴을 저녁 하늘에 완전히 열었을 때 보름달의 모습을 자신 안에

품었던 것이지요. 아름답고, 둥글고, 마치 보석 같은 그것. 그
토록 아름다운 모습을 자신이 품을 수 있으리라고는 상상해
본 적도 없었습니다.

중국에 매우 아름다운 시가 하나 있습니다. "신선하고
아름다운 둥근달, 끝 간 데 없이 텅 빈 하늘을 유랑하네. 일체
생명의 강물 같은 마음 자유로워질 때, 아름다운 그 모습 천
개의 강에 비추리."

이는 그 순간 강의 마음이었습니다. 그녀는 아름다운
달의 모습을 가슴속에 품었고, 구름, 강물, 그리고 달이 서로
손잡고 산책 명상을 하듯 천천히, 천천히 바다를 향해 흘러갔
습니다.

마음 졸이며 뒤쫓을 일은 아무것도 없습니다. 진정한
자신으로 돌아와 호흡을, 미소를, 스스로의 존재를, 그리고 아
름다운 환경을 즐길 수 있습니다.

21세기로 들어서며

요즘은 '정책'이라는 말을 정말 많이 사용합니다. 마치 모든 것에 대해 정책이 있는 것 같지요. 소위 선진국들이, 커다란 바지선에 쓰레기들을 실어 제3세계로 보내는 쓰레기 정책을 고심 중이라고 들었습니다.

제 생각으로 우리에게는 고통을 다룰 '정책'이 필요하다고 봅니다. 그것을 용납하길 원하지 않지만, 우리에게는 고통을 쓸모 있게 만들 방법을 찾을 필요가 있습니다. 자신과 타인을 위해 말이지요. 20세기에는 너무나 많은 고통이 있었습니다. 두 번의 세계대전, 유럽의 집단 수용소, 캄보디아의 킬링필드, 베트남과 중앙아메리카의 난민들, 그리고 정처 없이 고국을 떠난 또 다른 사람들. 우리에게는 이러한 종류의 쓰레기들 또한 처리할 정책을 만들 필요가 있습니다. 모두 함께 21세기를 꽃피우기 위해, 20세기의 고통을 자양분 삼을 필요가 있습니다.

　　가스실과 수용소와 같은 나치의 잔학 행위들에 대한 사진과 프로그램들을 볼 때, 우리는 두려움을 느낍니다. "내가 하지 않았어. 그들이 한 것이야."라고 말할는지도 모르겠습니다. 하지만 만일 그 자리에 자신이 있었다 해도, 똑같이 했을 가능성이 높지요. 아니면 그것을 멈추기에는 너무 비겁했을 수도 있습니다. 당시 대부분의 사람들이 그랬던 것처럼 말이지요. 이 모든 일들을 우리의 퇴비 더미에 집어넣고 토양을 비옥하게 만들 비료를 만들어야 합니다. 오늘날, 독일 젊은이들은 과거의 고통에 대해 자신들이 다소간 책임져야 한다는 일종의 콤플렉스를 갖는다는군요. 이들 젊은이들과 전쟁에 직접적인 책임이 있는 세대 모두가 새롭게 마음먹는 것이 중요합니다. 우리 아이들이 다음 세기에 똑같은 실수를 반복하지 않기 위해 함께 마음챙김하는 길을 만들어가야 합니다. 문화적 다양성을 인정하고 허용함은 21세기를 이끌어갈 아이들에게 전해줄 한 송이 꽃입니다. 또 한 송이의 꽃이 바로 고통의 진실입니다. 지난 세기에는 불필요했던 고통이 너무나 많았습니다. 기꺼이 함께 배우고 함께 일한다면, 과거의 실수들로부터 모두가 교훈을 얻을 수 있고, 자비와 이해의 눈으로 바라볼 때, 다음 세기에 아름다운 꽃으로 가득한 정원과 명확히 나아갈 길을 제시할 수 있습니다.

자녀의 손을 잡고 밖으로 나가 풀밭 위에 함께 앉으세요. -푸른 잔디, 드문드문 피어난 작은 꽃들, 그리고 하늘. 아이와 함께 이 모든 것을 관조할 수도 있습니다. 함께 호흡하고 미소 지음- 이는 평화의 가르침입니다. 이들 아름다운 것들에 감사하는 법을 알 때, 다른 어떤 것도 구할 필요가 없을 것입니다. 매 순간, 호흡마다, 걸음마다 평화가 있습니다.

함께한 우리의 여정, 참으로 즐거웠습니다. 여러분도 즐겼길 바랍니다. 그럼 서로 다시 만나길.

오늘 아침 마음챙김을 하며 오크나무 숲을 천천히 걷는데, 지
평선 위로 붉은 오렌지색 태양이 찬란하게 떠올랐다. 그 광경
은 나로 하여금 즉시 인도에서의 일화를 떠올리게 했다. 우리
는 1년 전 틱낫한 스님과 함께 붓다가 가르침을 폈던 곳을 방
문했다. 부다가야 근처의 한 동굴로 걸어가는 중에, 우리는
벼를 심은 논으로 둘러싸인 벌판에 서서 시를 읊었다.

> 걸음마다 평화.
> 붉은 태양 가슴속에서 빛나고,
> 꽃들은 저마다 나에게 미소 짓네.
> 자라나는 모든 존재, 이 얼마나 푸르고 싱그러운지.
> 또 얼마나 시원한 바람인지.
> 걸음마다 평화.
> 끝 모를 길이 환희가 되네.

이 시구들은 틱낫한 스님의 메시지를 핵심적으로 요약한다.
바로 평화란 밖에 있는 것도, 찾아다녀야 하는 것도, 획득해
야 하는 것도 아니라는 점이다. 마음챙김하며 생활하고, 속도

를 늦추어 매 걸음, 매 호흡을 즐긴다면 그것으로 충분하다. 평화는 이미 지금 이 순간 각각의 걸음 속에 있고, 이런 방식으로 걷는다면 걸음마다 발아래 꽃이 핀다. 그리고 그 꽃들은 우리를 향해 웃으며 가고자 하는 여정에 행운을 빌어준다.

내가 틱낫한 스님을 처음 만난 것은 1982년 뉴욕에서였다. 그때 그는 생명 존중 회의에 참석하고 있었다. 나는 스님이 처음 만나는 미국 불교 신자였다. 스님은 내 모습과 행색, 그리고 어느 정도, 지난 20여 년간 베트남에서 지도했던 사미승들 같이 행동하는 것에 흥미를 느끼셨던 것 같다. 이듬해 나의 스승 리처드 베이커-로쉬 스님이 샌프란시스코의 우리 선원으로 그분을 초대했을 때, 당신께서는 흔쾌히 받아들이셨고, 이것은 이 자애로운 승려의 비범했던 삶에서 새로운 국면의 시작이었다. 틱낫한 스님에 대해 스승께서는 다음과 같이 말씀하셨다. "묵직한 기계들로 대변되는 현대문명과 한 조각 구름, 달팽이 같은 자연 사이 다리 같은 존재 - 진정한 종교적 화신."

틱낫한 스님은 1926년 중부 베트남에서 태어났다. 1942년 불교 승려로서 계를 받았고, 그때 나이 열여섯이었다. 겨우 8년 뒤, 안 쿠앙 불교 협회를 공동 설립하였는데 이는 나중에 남베트남에서 으뜸가는 불교 연구의 중심지가 되었다.

1961년, 스님은 미국으로 건너와 컬럼비아 대학과 프린스턴 대학에서 비교종교학을 강의하고 연구하였다. 하지만 1963년, 베트남에 있던 동료 승려들이 전보를 보내 틱낫한 스님에게 베트남으로 돌아올 것을 종용했다. 응오딘지엠 정권의 압제를 무너뜨리고 전쟁을 막기 위한 그들의 운동에 동참하라는 전갈이었다. 그는 즉시 베트남으로 돌아가 20세기 가장 거대한 비폭력 저항 운동 중 하나를 이끄는 데 일조하였다. 그것은 전적으로 비폭력 저항 정신에 입각한 것이었다.

1964년, 베트남의 대학교수와 학생들과 함께, 스님은 사회봉사를 하는 젊은이들을 위한 학교를 건립하였고, 미국 언론들은 이를 '작은 평화 군단'이라 불렀다. 거기서는 젊은이들이 시골로 내려가 학교를 만들고 건강진료소를 개설하는 활동을 벌였고, 나중에는 폭격으로 망가진 마을을 재건하는 일을 했다. 사이공 함락 시점에 이르러, 봉사에 참여하는 인원은 승려들과 젊은 사회운동가들을 합쳐 만 명이 넘었다. 같은 해, 스님은 나중에 베트남에서 가장 명망 있는 출판사가 되는 라 보이 프레스를 설립하는 데 일조하기도 했다. 책을 통해, 그리고 불교도 사원 연합의 공식 출판 수석 편집자로서, 그는 베트남에서 대립 중인 정당들 사이에 화해를 종용하였는데, 이 때문에 그의 저작물들은 양쪽 정부 모두에서 검열 대상에 올랐다.

1966년 스님은, 동료 승려들의 간곡한 부탁으로, 코넬 대학과 화해의 모임의 초청을 받아 미국으로 건너갈 것을 수락했다. 그것은 "목소리를 낼 수 없는 베트남 인민들의 염원과 고통을 전달하기 위해서"였다.(《더 뉴요커(The New Yoker)》, 1966년 6월 25일자) 일정은 상당히 빡빡한 편이었다. 연설을 하고, 사적인 회담을 갖고, 전쟁을 멈추고 협상이 정착되어야 한다는 발언을 이어나갔다. 마틴 루터 킹 주니어 목사는 틱낫한 스님의 인물됨과 그의 평화 제안에 너무나 감동 받아 그를 1967년 노벨평화상 후보로 추천하면서 이렇게 말했다. "베트남에서 온 이 자애로운 승려보다 더 노벨평화상에 적합한 인물을 알지 못한다." 틱낫한 스님의 전반적인 영향으로 말미암아, 킹 목사는 시카고의 한 기자회견에서 스님과 함께 공개적으로 전쟁에 반대하는 입장을 밝혔다.

유명한 가톨릭 수사이자 신비주의자인 토머스 머튼은 켄터키 루이스빌 근처 겟세마니에 있는 자신의 수도원에서 틱낫한 스님을 만난 뒤, 자신의 학생들에게 이렇게 말했다. "그가 문을 열고 방으로 들어오는 태도만으로도 그의 심오한 이해 수준을 알 수 있었다. 그는 진정한 수도승이다." 이어서 자신의 에세이에 이렇게 적기도 했다. "틱낫한은 나의 형제이다." 그 글은 틱낫한 스님의 평화 제안을 들어달라는 감동의 탄원서이자 스님이 평화를 호소하는 일에 전적인 지원을 제공하려는 것이었다. 풀브라이트 상원의원과 케네디 상원의원, 그리고 맥나마라 국방장관을 위시한 워싱턴 사람들과의 중요한 면담 후에, 틱낫한 스님은 유럽으로 건너갔다. 그곳에서 그는 몇몇 국가 수반과 가톨릭교회 관리들을 만났다. 여기에는 두 번의 교황 바오로 6세 알현이 포함되었다. 그 자리에서 스님은 베트남에 평화를 가져오기 위한 가톨릭과 불교 간의 협조를 부탁했다.

1969년, 베트남 불교사원 연합의 요청으로, 스님은 불교 평화 대표단을 꾸리고 파리 평화 회담에 참가하였다. 1973년 평화 협정이 체결된 후, 스님은 베트남 귀국이 금지되었다. 그래서 그는 파리 남서쪽에서 100마일 정도 떨어진 곳에 작은 공동체를 만들고, 그곳을 '스윗 포테이토'라고 이름지었다. 1976년에서 1977년 사이에, 스님은 시암 만에서 보트 피플을 구조하는 작전을 벌였지만, 태국과 싱가포르 당국의 적대적인 태도로 결국 중단해야 했다. 그리하여 이어진 5년 간, 그는 스윗 포테이토에 머물며 안거에 들어갔다. 명상, 독서, 저술, 편집, 원예, 그리고 이따금 있는 방문객들의 접대가 그의 일이었다.

1982년 6월, 스님은 뉴욕을 방문했고, 이어 그해 말 플럼 빌리지를 건립했다. 프랑스 보르도 근처에 있는 수련 시설로, 포도밭과 밀밭, 옥수수와 해바라기가 주위를 둘러싼 곳이었다. 1983년 이후 그는 북미대륙을 격년으로 방문해 수련회를 이끌고 마음챙김의 삶과 사회적 책임에 관한 강의를 베풀었다. "우리가 살아 숨 쉬는 지금 이 순간 평화를 만들자."라는 것이 모토였다.

비록 스님이 고국을 방문할 수는 없었지만, 베트남에서는 그의 책이 필사되어 계속 불법적으로 유통되고 있었다. 그의 제자들과 동료들은 전 세계에서 베트남의 지독하게 가난한 인민들의 고통을 덜기 위한 노력을 불철주야 계속했고 이들을 통해서도 스님의 존재를 느낄 수 있었다. 이들은 배고픈 가족들을 비밀리에 지원하고, 예술적 신념과 신앙을 이유로 투옥된 작가, 예술가, 승려들을 지지하기 위한 캠페인을 벌였다. 이 일은 본국 송환의 위험에 직면한 난민들을 돕고, 태국, 말레이시아, 그리고 홍콩의 난민 캠프로의 정신적, 물질적 지원에 이르기까지 확장되었다.

현재 64세이지만(1990년 기준), 20년은 젊어 보이는 틱낫한 스님은 20세기 가장 위대한 스승 중 하나로 떠오르고 있다. 우리 사회가 속도, 효율, 그리고 물질적 성공을 강조하는 와중에, 평화와 깨어 있는 의식과 함께 고요히 걷는 틱낫한 스님의 능력과 가르침은 서구 사회로부터 열렬한 환영을 받았다. 그의 표현 방식은 단순하지만, 그의 메시지는, 명상, 불교 수련, 그리고 세상 안에서의 그의 작업으로부터 온 현실에 대한 깊은 이해의 정수를 드러낸다.

그가 가르치는 방식은 의식적인 호흡 –매 호흡을 의식하는 것– 에 중심을 둔다. 그리고 이러한 의식적인 호흡을 통해, 일상에서의 모든 행위에 마음챙김이 이루어지도록 이끄는 것이다. 명상은 명상센터에서만 하는 것이 아니다. 정성을 다해 기도하고 향을 피우는 것과 마음챙김으로 설거지 하는 것은 정확히 똑같이 성스럽다고 그는 말한다. 또한 얼굴에 미소를 띠는 것만으로 우리 몸의 수백 개의 근육을 이완시킬 수 –그는 이것을 '얼굴 요가'라고 불렀다– 있다고 말한다. 실제 최근의 연구결과에 따르면, 우리가 마치 기쁜 척 표현하기 위해 얼굴 근육을 움직이면, 정말로 즐거울 때 보이는 신경계의 반응을 이끌어내는 효과가 나타난다고 한다. 그는 평화와 행복이 언제든 가능함을 상기시킨다. 단지 산만한 생각들을 충분한 시간 동안 진정시키고 지금 이 순간으로 되돌아와, 푸른 하늘, 어린아이의 미소, 아름다운 해돋이를 눈치 챌 수만 있다면 말이다. "우리가 평화롭다면, 우리가 행복하다면, 우리는 웃을 수 있고, 그럼 가족 모두가, 사회 전체가, 그 평화로부터 이로움을 얻을 것이다."

『모든 발걸음마다 평화』는 잊혀진 것을 되돌리는 책이다. 현대인의 서두름뿐인 삶 속에서, 우리는 매 순간 가능했던 평화를 잃어버리는 경향이 있다. 보통 때 우리를 압박하고 방해하는 바로 그 상황들을 이용하는 능력에 틱낫한 스님의 창조성이 엿보인다. 그에게는 전화벨 소리가 진정한 자신으로 되돌아가라는 신호이다. 설거지, 빨간 신호등, 그리고 교통 체증이 마음챙김의 길 위에 만나는 영적인 친구인 것이다. 가장 심오한 만족, 가장 깊은 기쁨과 완전함이 손에 잡힐 만큼 가까이, 바로 지금 호흡을 지켜보고 미소 지음에 놓여 있다.

『모든 발걸음마다 평화』는 틱낫한의 강의, 출판되었거나 그렇지 않은 저술, 그리고 비공식적인 대화들을 몇몇 친구들이 -테레제 핏제랄드, 마이클 카츠, 제인 허시필드, 그리고 나- 간추린 결과물이다. 작업은 Thay("타이"라고 발음한다. "선생님"을 의미하는 베트남어이다-역자)낫한은 물론, 반탐에 있는 우리의 주의 깊고, 철두철미하고, 예민한 편집자 레슬리 메리디스와의 긴밀한 협조 속에 이루어졌다. 패트리샤 커탄이 아름다운 민들레를 그려 넣어주었다. "민들레"라는 시를 쓴 마리온 트립에게 특별한 감사를 드린다.

이 책은 한 위대한 보디사트바의 가장 분명하고도 완벽한 메시지이다. 그는 자신의 삶을 타인의 깨달음을 위해 바쳤다. 틱낫한의 가르침은 영감어린 동시에 매우 실용적이다. 우리가 책을 만들며 그랬던 것만큼 독자들도 이 책을 즐기길 바란다.

아놀드 코틀러(Arnold Kotler)
테낙, 프랑스
1990년 7월

플럼 빌리지 Plum Village

이 책을 쓸 당시 틱낫한이 머물렀던 수행 공동체 플럼 빌리지는 프랑스 서남쪽에 있는 보르도 근처에 자리 잡고 있다. 1982년 틱낫한의 발원으로 조그만 수행공동체로 출발했다. 현재 이곳은 200명이 넘는 비구와 비구니들이 수행하고 있으며 일반인들에게도 문이 활짝 열려 있다. 단, 모든 방문객은 일주일 이상 수행에 참여해야 함을 원칙으로 하고 있다.

틱낫한 스님은 2014년 가을 뇌출혈로 쓰러지면서 건강이 크게 악화됐다. 2018년 치료를 위해 태국을 방문한 후 플럼 빌리지로 돌아오지 않고 베트남으로 향했다.

현재(2021년) 스님이 머물고 있는 곳은 그가 머리를 깎고 처음 승려생활을 시작했던 베트남 뚜히에우(Tu Hieu) 사찰로 알려져 있다.

Arnold Kotler **아놀드 코틀러**

이 책의 영문판을 편집한 아놀드 코틀러(Arnold Kotler)
는 미국의 불교 관련 서적을 출판하는 패럴랙스 출
판사(Parallax Press) 창립 편집인이다.

그동안 마음챙김과 사회적 책임에 관한 책과
시청각 교재를 만드는 데 헌신했다. 이 책『모든 발
걸음마다 평화(Peace is Every Step)』를 비롯해 『평화로움
(Being Peace)』등 몇 권의 틱낫한 스님 책도 그의 손을
거쳐 탄생했다.

Peace is Every Step

모든 발걸음마다 평화

매일의 삶에서 실천하는 마음챙김의 길

2021년 06월 21일 초판 1쇄 발행
2024년 04월 26일 초판 2쇄 발행

지은이 **틱낫한** • 옮긴이 **김윤종**
발행인 **박상근**(至弘) • 편집인 **류지호** • 상무이사 **김상기** • 편집이사 **양동민**
편집 **김재호, 양민호, 김소영, 최호승, 하다해, 정유리** • 디자인 **쿠담디자인**
제작 **김명환** • 마케팅 **김대현, 김선주, 이선호** • 관리 **윤정안**
콘텐츠국 **유권준, 정승채, 김희준**
펴낸 곳 **불광출판사** (03169) 서울시 종로구 사직로10길 17 인왕빌딩 301호
　　　대표전화 02) 420-3200 편집부 02) 420-3300 팩시밀리 02) 420-3400
　　　출판등록 제300-2009-130호(1979. 10. 10.)

ISBN 978-89-7479-925-0 (03220)

값 16,000원